MONDIAAL MANAGEMENT

Vragen en Antwoorden

Prof. dr. P.K. Jagersma

Inspiration Press

Inspiration Press/Pieter Klaas Jagersma. — 1st ed.
ISBN 978-9-0810776-6-8 NUR 801

INHOUDSOPGAVE

1. VOORWOORD

Steeds meer ondernemingen zijn steeds vaker op buitenlandse markten actief. Vaak via export, minder vaak via internationale vormen van samenwerking en sporadisch via risicovollere strategieën als grensoverschrijdende acquisties of fusies. Veel – niet alleen - Nederlandse ondernemingen hebben de smaak inmiddels goed te pakken: men is intensief bezig vlaggetjes te zetten op nog aanwezige witte velden op de steeds kleiner wordende mondiale kaart. Het digitaliseren van business- en verdienmodellen versnelt dit mondialiseringsproces. Dankzij internet en sociale media 'krimpt' de wereld als het ware ineen tot het scherm van een computer, tablet, smartphone of phablet. Een 'veeg over een scherm' dan wel een 'druk op een knop' is vandaag de dag voldoende om toegang te krijgen tot 'het buitenland'.

Dit betekent welbeschouwd dat steeds meer ondernemingen een steeds groter deel van hun omzet en winst uit het buitenland [kunnen] halen. Internationaal ondernemen is in toenemende mate de heilige graal voor ondernemingen – ook kleine en middelgrote ondernemingen hebben dankzij de voornoemde technologische mogelijkheden snel en relatief goedkoop toegang tot het buitenland. Dit neemt niet weg dat internationaal ondernemen de nodige 'scherpe kantjes' kent en veel ondernemingen lopen in het buitenland – vaak onnodig – forse financiële scheuren in de broek op.

Internationaal ondernemen is veel complexer dan louter 'nationaal' ondernemen. Dat internationaal ondernemen

5

[vrijwel] altijd een succes is, is een misvatting.
Internationaal ondernemen betekent per definitie
leergeld betalen.

Het boek 'Mondiaal Management' [ISBN 978-90-810776-0-
6; eerste en tweede editie 2014] behandelt de 'ins' en
'outs' van het internationaal ondernemen en doet dat
vanuit een praktische invalshoek. Het boek biedt veel
concrete handvatten hoe om te gaan met de vele
uitdagingen waarmee ondernemingen 'in het
buitenland' worden geconfronteerd. De keuze voor een
praktische invalshoek en dat gelardeerd met veel
handvatten en checklists is om die reden ook begrijpelijk:
teveel ondernemingen gaan nog steeds onvoldoende
voorbereid internationaal de boer op. Die
ondernemingen komen er in de regel vrij snel achter dat
het gras bij de buurman niet altijd zo groen is als
aanvankelijk werd aangenomen.

Tegen deze achtergrond is het schrijven van het bij
'Mondiaal Management' behorende 'Vragen en
Antwoorden'-boek geen overbodige luxe. Internationaal
ondernemen is een boeiend proces waarbij
ondernemingen uiteenlopende wegen kunnen
bewandelen. Het boek 'Mondiaal Management –
Vragen en Antwoorden' helpt de lezer de juiste weg in te
slaan en is daarmee een waardevolle aanvulling op het
boek 'Mondiaal Management'.

Voor op- en aanmerkingen over de inhoud van dit boek is
de auteur annex internationaal ondernemer
vanzelfsprekend altijd bereikbaar en wel via het volgende
digitale adres: info@jrcinternational.eu

Prof. dr. Pieter Klaas Jagersma

Zomer 2014

2. INLEIDING

Het boek 'Mondiaal Management' behandelt via dertien hoofdstukken en vele business en research cases de praktijk van het internationaal ondernemen.

'Mondiaal Management – Vragen en Antwoorden' biedt de lezer de mogelijkheid te 'spelen' met de inhoud van 'Mondiaal Management' zodat men geen 'speelbal' wordt van de veelkoppige en gecompliceerde praktijk van het internationaal ondernemen.

De in dit boek gepresenteerde 150 meerkeuzevragen inclusief de bijbehorende antwoorden zijn als opgaven c.q. oefening toegevoegd aan de tweede editie van 'Mondiaal Management' [waarvan de eerste editie is verschenen in januari 2014]. De tweede editie van 'Mondiaal Management' dateert van september 2014.

De 150 vragen en 600 antwoordmogelijkheden hebben betrekking op alle hoofdstukken van 'Mondiaal Management' exclusief het inleidende hoofdstuk één. De eerste dertig vragen hebben betrekking op het gehele boek en worden om die reden als 'algemene' vragen gepresenteerd. Het spreekt voor zich dat deze vragen pas beantwoord kunnen worden na lezing en bestudering van het gehele boek. De overige 120 vragen hebben betrekking op de uiteenlopende hoofdstukken en kunnen dus per hoofdstuk beantwoord worden.

De bij iedere vraag horende antwoordmogelijkheden maken het mogelijk de nuance van het vakgebied beter te doorgronden. Het goed kunnen beargumenteren van de [on]juistheid van een antwoordmogelijkheid is als altijd belangrijker dan het geven van het juiste antwoord. Er zijn immers vele wegen die naar Rome leiden en het reisverslag *an sich* is zoals wel vaker interessanter dan het arriveren op de plaats der bestemming.

Veel plezier bij het toepassen van de inhoud van het boek 'Mondiaal Management'!

3. MEERKEUZEVRAGEN

ALGEMEEN

1

Wat wordt bedoeld met economische 'mondialisering' of 'globalisering'?

[a] Economische mondialisering/globalisering is een economisch schaalvergrotingsproces waardoor ondernemingen in staat zijn tegen steeds lagere kosten te produceren, distribueren en verkopen. Dankzij economische mondialisering [ook wel globalisering genoemd] dalen de transactiekosten van het zakendoen waardoor steeds meer ondernemingen internationaal de boer op gaan.

[b] Economische mondialisering/globalisering heeft betrekking op het ontstaan van politiek-economische unies als de EU, Nafta en Mercosur en heeft daardoor tot gevolg dat steeds meer ondernemingen de mogelijkheid hebben eenvoudiger grensoverschrijdend actief te worden.

[c] Economische mondialisering/globalisering is een proces waarbij de economische 'grenzen' tussen nationale entiteiten geëlimineerd worden. Daarvoor zijn uiteenlopende factoren verantwoordelijk, zoals bijvoorbeeld technologische ontwikkelingen [in het bijzonder digitalisering], politieke ontwikkelingen [denk aan de opkomst van economische en politieke unies],

sociaal-culturele ontwikkelingen [bijvoorbeeld homogenisering van consumentensmaken en – voorkeuren] en demografische ontwikkelingen [immigratie en emigratie].

[d] Alle antwoordmogelijkheden zijn juist.

2

Waarom is er sinds enkele jaren zoveel extra aandacht voor het internationaliseren van het werkterrein van ondernemingen?

[a] Omdat de economische groei in veel landen onder druk staat – in het bijzonder in landen die behoren tot de zogenoemde Eerste Wereld dat wil zeggen landen in Europa. Elders in de wereld zijn de macro-economische groeiniveaus dikwijls veel hoger en dus zetten steeds meer ondernemingen de eerste dan wel vervolgstappen op het internationale toneel – buiten hun oorspronkelijke [Europese] thuismarkten wel te verstaan.

[b] Omdat veel ondernemers en managers producten – goederen en diensten – produceren die interessant zijn voor een 'wereldmarkt' in plaats van louter de 'moederlandmarkt'. En aangezien veel ondernemers en managers aanmerkelijk beter zijn opgeleid dan voorheen wordt de spade eerder dan voorheen dieper in het buitenland gezet.

[c] Dankzij de opkomst van de informatiesamenleving en vergaande digitalisering worden ondernemers en managers veel meer dan vroeger geconfronteerd met majeure mogelijkheden elders in de wereld. Op hetzelfde moment zorgt de informatierevolutie en digitalisering er ook voor dat men een beter inzicht heeft c.q. kan krijgen in de keerzijde [lees: risico's] van internationalisering.

10

[d] Alle antwoordmogelijkheden zijn juist.

3

Moeten louter internationaal actieve ondernemingen een visie hebben op 'mondialisering' of geldt dit ook voor ondernemingen die in het geheel niet internationaal ondernemen?

[a] Dit geldt natuurlijk in eerste instantie voor internationaal actieve ondernemingen.

[b] Dit geldt zowel voor internationaal actieve ondernemingen als louter in het binnenland actieve ondernemingen. Ondernemingen die alleen op de thuismarkt opereren krijgen immers eveneens in toenemende mate met 'buitenlandse' concurrenten te maken die actief worden op de thuismarkt.

[c] Ondernemingen die in het geheel niet internationaal ondernemen kunnen prima 'onder de radar' opereren zonder dat ze hinder ondervinden van de opkomst van buitenlandse ondernemingen [op hun thuismarkt]. Internationaal ondernemen is een mogelijkheid, niet een noodzakelijkheid.

[d] Alle antwoordmogelijkheden bevatten een kern van waarheid.

4

Kan de 'mate' van mondialisering van een onderneming gemeten worden en zo ja, hoe?

[a] Nee, daarvoor spelen teveel variabelen – die elkaar niet zelden tegenspreken – een rol.

[b] Ja, denk bijvoorbeeld aan het aandeel van de buitenland-winst en -omzet in de totale bedrijfswinst respectievelijk omzet. Ook het aandeel van 'buitenlandse' werknemers in het totale werknemersbestand is een indicator. Los van deze illustratieve indicatoren zijn er nog vele andere indicatoren beschikbaar. De mate van mondialisering van een onderneming kan derhalve goed gemeten worden.

[c] Dit is niet mogelijk, omdat de buitenlandse activiteiten van ondernemingen niet zelden leiden tot export naar het moederland waardoor berekeningen inzake de 'mate' van mondialisering niet langer kunnen kloppen.

[d] Dit vraagstuk is lastig te kwantificeren. Het is echter zeer wel mogelijk. De hamvraag is: heeft het zin c.q. toegevoegde waarde om de mate van mondialisering te kwalificeren? 'Kwantificeren' is immers wat vooraleerst telt in het internationale zakenleven.

5

Hoe lang duurt het alvorens een onderneming succesvol is in 'mondiaal management'?

[a] Dat hangt van vele factoren af. De belangrijkste factoren zijn: de kwaliteit van het management c.q. de leiding en de internationale opportuniteiten waarop ingespeeld kan worden.

[b] Daar is eigenlijk geen zinnig antwoord op te geven omdat zeer veel – vaak uiterst genuanceerde – factoren van groot belang zijn.

[c] In de meeste bedrijfstakken neemt dit minimaal al vrij snel tien jaar in beslag. De ervaring leert dat

ondernemingen pas na ongeveer zeven jaar internationaal actief te zijn geweest 'break-even' opereren. Succesvol mondialiseren is dus vooral een kwestie van lange adem.

[d] Alle antwoordmogelijkheden zijn juist.

6

Wat kenmerkt succesvolle internationaal actieve ondernemingen bovenal?

[a] Goed management, een goede voorbereiding, een zorgvuldige uitvoering van beleid, receptiviteit voor omgevingsprikkels en wat dit laatste betreft in het bijzonder culturele en politieke invloeden.

[b] 'Allocentrisch' leiderschap, scherpe risicomanagementanalyses, conservatief financieel management, 'organische' groei [in plaats van snelle groei via fusies en overnames].

[c] Antwoordmogelijkheden [a] en [b] zijn juist.

[d] Hetzelfde als wat louter nationaal c.q. in de moedermarkt actieve ondernemingen succesvol maakt. Er is geen sprake van principiële verschillen tussen succesvolle 'internationaal actieve' ondernemingen en succesvolle [louter] 'nationaal actieve' ondernemingen.

7

Is het noodzakelijk om een specifieke strategie toegespitst op internationaal ondernemen te volgen?

[a] Niet noodzakelijkerwijs - als de onderneming in kwestie louter lokaal actief is en blijft is een specifieke strategie

toegespitst op internationaal ondernemen vanzelfsprekend niet noodzakelijk.

[b] Ja, altijd – ook voor louter lokaal actieve ondernemingen. Ook de leidinggevenden van die ondernemingen moeten uit kunnen leggen waarom internationaal ondernemen juist *niet* aantrekkelijk is.

[c] In beginsel moeten ondernemingen die op het punt staan internationaal de vleugels uit te slaan enige tijd daarvoor – dit is vaak al snel enkele jaren – zorgvuldig na gaan denken over de 'verschillende wegen die naar Rome' c.q. het buitenland leiden. Dit betekent dat in het voorbereidingsstadium reeds optionele internationale strategieën ontwikkeld moeten worden waaruit de leiding op het juiste moment een finale keuze kan maken.

[d] Internationaal actieve ondernemingen moeten altijd over een internationale strategie beschikken. Ondernemingen die voornemens zijn internationaal actief te worden kunnen overwegen een internationale strategie te formuleren – voor hen is dit echter mogelijk en nadrukkelijk niet noodzakelijk.

8

Er leiden verschillende wegen naar Rome en toegespitst op het vak internationaal ondernemen betekent dit dat internationaal ondernemen op verschillende manieren kan worden vormgegeven. Wat hebben al die 'wegen' in ieder geval met elkaar gemeen?

[a] De tijdrovendheid – zowel wat betreft voorbereiding als uitvoering van de uiteindelijk gekozen 'weg'.

[b] De gecompliceerdheid – internationaal ondernemen is een 'multi-dimensioneel' vraagstuk en kan en mag derhalve nimmer onderschat worden.

[c] De risicovolheid – internationaal ondernemen is een risicovolle aangelegenheid ongeacht welke 'weg' uiteindelijk gekozen wordt.

[d] Alle antwoordmogelijkheden zijn juist.

9

Wat zijn de belangrijkste belemmeringen – vaak frustraties voor leidinggevenden - waar ondernemingen internationaal tegenaan lopen?

[a] Doorgaans culturele, politieke en juridische belemmeringen.

[b] Bijna altijd technologische, politieke en juridische belemmeringen.

[c] Dit verschilt per onderneming, leidinggevend kader, land en bedrijfstak en daar valt dus in beginsel geen sluitend antwoord op te geven.

[d] Dat zijn doorgaans institutionele belemmeringen die te maken hebben met lokale wet- en regelgeving. Dergelijke wet- en regelgeving dwingt ondernemingen regelmatig producten ingrijpend aan te passen aan de lokale manier van zakendoen met soms [zeer] omvangrijke extra kosten als gevolg.

10

Waarom moet een internationaal actieve ondernemer de historische 'ins' en 'outs' van een land door-en-door kennen alvorens [op grotere schaal] actief te worden in dat land?

[a] Omdat de geschiedenis van een land vaak doorsijpelt in wet- en regelgeving, de 'nationale' cultuur van een land, hoe vriendelijk respectievelijk vijandig het klimaat is jegens buitenlandse ondernemers en ondernemingen alsmede de smaken en voorkeuren van de inwoners van een land c.q. mogelijke afnemers. Je zou kunnen zeggen dat de geschiedenis van een land van invloed is op veel meer factoren dan vaak wordt aangenomen. Veel internationaal actieve ondernemers staan daar vandaag de dag nog steeds te weinig bij stil. Kennis van de historie van een land legt een solide basis voor een goede dialoog van een buitenlandse onderneming met lokale stakeholders.

[b] De invloed van de factor 'historie' is zonder meer groot maar moet ook niet overschat worden. Internationaal actieve ondernemingen opereren in het hier-en-nu en dienaangaande moet de leiding van die ondernemingen vooral met 'vandaag' en 'morgen' in de weer zijn en zich niet teveel laten [af]leiden door historische bespiegelingen. Let wel, dit laat onverlet dat de factor 'historie' van eminent belang is.

[c] De invloed van de factor 'historie' moet niet overdreven worden. Internationaal zakendoen is een opportunistische aangelegenheid waarbij het hier-en-nu centraal staat. In de kern is internationaal zakendoen een nogal pragmatische aangelegenheid waarbij men hoogst zelden stilstaat bij de factor geschiedenis.

[d] De factor 'historie' wordt schromelijk overdreven. In de praktijk van het internationaal zakendoen speelt het geen majeure rol van betekenis hetgeen niet wil zeggen dat de geschiedenis van een land volstrekt onbelangrijk is.

11

Stel dat u als ondernemer een 'cultuurscan' van de nationale cultuur van een land zou willen maken alvorens actief te worden in het betreffende land. Hoe pakt u dit aan?

[a] Ik zou beginnen bij het in kaart brengen van de eigen nationale cultuur, vervolgens de eigen bedrijfscultuur en pas daarna de nationale cultuur van het andere land waarin de expansieplannen gerealiseerd moeten worden. Vervolgens de 'match' tussen beide nationale culturen vaststellen aan de hand van zo objectief mogelijke criteria als bijvoorbeeld de verschillende cultuurdimensies van Hofstede.

[b] Ik zou beginnen met de cultuurdimensies van Hofstede en die toe willen passen op de nationale cultuur van het land waarin ik actief wens te worden. Vervolgens dezelfde exercitie toepassen voor de eigen nationale cultuur [de 'moederlandcultuur'] en daaropvolgend de eventuele verschillen kwalificeren en hoe deze verschillen te overbruggen. Is de eigen bedrijfscultuur in staat met dergelijke verschillen om te gaan en kunnen die verschillen 'elegant' geëgaliseerd en wellicht zelfs benut worden?

[c] Ik zou [juist] eerst actief worden op de buitenlandse markt en pas daarna een scan maken van de eerste concrete ervaringen met de nationale cultuur van het betreffende land. Daar zouden de cultuurdimensies van Hofstede bij gebruikt kunnen worden, maar er zijn ook andere cultuurcriteria en 'cultuurmeetlatten' beschikbaar [hoofdstuk 10 van het boek Mondiaal Management geeft hiervoor voldoende munitie]. Juist dankzij die eerste concrete ervaringen kan een beter oordeel worden

geveld over de manier waarop een gegeven onderneming met een buitenlandse 'nationale' cultuur kan c.q. dient om te gaan.

[d] Het maken van [theoretische] cultuurscans alvorens daadwerkelijk actief te worden op een gegeven buitenlandse markt is een activiteit met een laag rendement – er moeten eerst ervaringen met de nationale cultuur [ter plekke] opgedaan worden alvorens überhaupt relevante uitspraken over de 'impact' van een nationale cultuur op de bedrijfsvoering van een onderneming gedaan kunnen worden.

12

Wanneer moet een internationaal actieve ondernemer of manager zich aanpassen aan lokale, buitenlandse marktomstandigheden?

[a] Ingeval juridische, culturele, politieke en andere zwaarwegende en voor de leiding 'onbeheersbare' en 'onbeïnvloedbare' omstandigheden.

[b] Ingeval juridische, culturele, politieke en andere zwaarwegende en voor de leiding 'onbeheersbare' omstandigheden.

[c] Ingeval juridische, culturele, politieke en andere zwaarwegende en voor de leiding 'onbeïnvloedbare' omstandigheden.

[d] Ingeval juridische, culturele, politieke en andere belangrijke variabelen die van grote invloed zijn op de prestaties van de internationaal actieve onderneming.

13

Wat zijn de 'strategische' c.q. meest in het oog springende implicaties van mondialisering c.q. globalisering?

[a] Dat veel invloeden van uiteenlopende aard 'onbeheersbaar' dan wel 'lastig beïnvloedbaar' zijn voor het management van een internationaal actieve onderneming.

[b] De snelheid waarmee veel 'mondiale' ontwikkelingen plaatshebben en waarop het dus per definitie lastig reageren [laat staan anticiperen] is.

[c] De in beginsel enorme ['mondiale'] omvang van afzetmarkten die juist daardoor vele marktpartijen c.q. aanbieders aantrekken waardoor de lokale en internationale concurrentiestrijd uiterst fel is – veel feller dan louter rivaliseren op een gegeven thuismarkt.

[d] De invloed van veel 'zachte' variabelen als nationaal cultuur die lastig te 'managen' zijn, maar op hetzelfde moment van grote invloed zijn op het succes dan wel falen van een internationaal actieve onderneming.

14

Wat zijn de belangrijkste 'functionele' gevolgen van mondialisering/globalisering?

[a] Dat vrijwel alle 'functionaliteiten' – dat wil zeggen R&D, Productie, Distributie, Marketing, Verkoop et cetera – voor de vraag komen te staan: waar [in de wereld] worden die functionaliteiten [deels] ondergebracht? Dit heeft grote invloed op het management van dergelijke activiteiten c.q. functionaliteiten.

[b] Dat de 'cost voor de baet' uitgaat. Met uiteenlopende functionaliteiten inspelen op mondialisering is een kostbare aangelegenheid waar ondernemingen in een vroeg stadium reeds mee moeten aanvangen. Dit betekent dat de 'cost' al snel voor de 'baet' uit gaat. Dit geldt in de praktijk al snel voor veel functionaliteiten.

[c] Niet alleen de primaire bedrijfsprocesfunctionaliteiten maar ook de functionaliteiten die behoren tot de secundaire bedrijfsprocessen ondergaan de vergaande invloed van mondialisering. Dit betekent dat ook het – onder meer – financiële beleid, belastingbeleid, HRM-beleid en ICT-beleid in juist de mondiale context vormgegeven dient te worden, hetgeen het management van dergelijke activiteiten [zeer] compliceert.

[d] Alle antwoordmogelijkheden zijn juist.

15

Waarom is het voor ondernemers zo belangrijk bij het internationaal ondernemen te beginnen bij het doorgronden van de kenmerken van de sector of bedrijfstak waarin men opereert?

[a] Omdat de winstgevendheid van de sector c.q. bedrijfstak uiteindelijk bepalend is voor de winstgevend van de internationaliserende onderneming.

[b] Omdat alle ondernemingen in een sector of bedrijfstak opereren en dit dus het vertrekpunt zou moeten zijn. De bakermat van het [internationaal] ondernemerschap is en blijft de sector c.q. bedrijfstak.

[c] Omdat de nationale/internationale wet- en regelgeving eerst en vooral betrekking heeft op de sector/bedrijfstak waarin wordt geopereerd. Langs deze weg bepalen wet- en regelgeving [dus] de spelregels van het internationaal ondernemen.

[d] Omdat ook nationale en internationale concurrenten in dezelfde sector c.q. bedrijfstak opereren - door de sector/bedrijfstak als vertrekpunt te nemen wordt de leiding van een internationaliserende onderneming als het ware alerter voor het opereren van lokale en internationale concurrenten en hun concurrentiekracht.

16

Wat is de essentie van 'management in een mondiale omgeving'?

[a] Goed je [voorbereidende] huiswerk maken, ter plekke goed observeren wat [wel en niet] 'werkt' en [zeer] goed 'luisteren' naar de markt en de vele stakeholders die van invloed zijn op het functioneren van die markt.

[b] Zorgvuldig omgaan met de ter beschikking staande financiële middelen die vervolgens op basis van goed onderbouwde 'business cases' [i.e. een geformaliseerde verantwoording] ingezet moeten worden ter realisatie van specifieke en valideerbare ondernemingsdoelstellingen.

[c] Gebruik maken van de juiste medewerkers, managers en leidinggevenden met de juiste vaardigheden en expertise – vaardigheden en expertise die voortdurend ge-update moeten worden door on-the-job en off-the-job ervaringen [denk bijvoorbeeld aan interne en externe opleidingen].

[d] Alle antwoordmogelijkheden zijn juist.

17

Wat is een 'mondiale' manager?

[a] Dat is iemand met mondiale 'profit & loss'-verantwoordelijkheden.

[b] Dat is iemand die verantwoordelijk is voor het succesvol afzetten van producten – goederen of diensten – in uiteenlopende delen van de wereld.

[c] Dat is iemand met een 'geocentrische mindset' die dikwijls verantwoordelijk is voor een gegeven functionaliteit [bijvoorbeeld R&D, Productie, Distributie etc] in een gegeven deel van de wereld.

[d] Alle antwoordmogelijkheden tezamen zijn juist.

18

Wat wordt bedoeld met een 'mondiale mindset'?

[a] Dat is een manier van doen en denken waarbij de verschillende landen waarin men opereert als vertrekpunt voor de lokale en internationale beleidsvorming en bedrijfsvoering wordt gehanteerd.

[b] Dat is een manier van doen en denken waarbij het moederland en het buitenland tezamen als vertrekpunt voor de lokale en internationale bedrijfsvoering en beleidsvorming wordt gehanteerd.

[c] Dat is een manier van doen en denken waarbij de landen waar de international actief is als vertrekpunt voor zowel de beleidsvorming als de bedrijfsvoering wordt gehanteerd.

[d] Dat is een manier van doen en denken waarbij de wereld als vertrekpunt voor de lokale en internationale beleidsvorming en bedrijfsvoering wordt gehanteerd.

19

Welke mondiale mindset heeft de internationaal actieve ondernemer en manager vooral nodig?

[a] Een etnocentrische mindset.

[b] Een regiocentrische mindset.

[c] Een allocentrische mindset.

[d] Een geocentrische mindset.

20

Wat zijn de belangrijkste uitdagingen voor mondiale managers?

[a] De belangrijkste uitdagingen zijn vrijwel altijd herleidbaar naar de 'software' van het internationaal ondernemen [in het bijzonder het management van culturele factoren].

[b] De belangrijkste uitdagingen zijn bijna altijd herleidbaar naar de 'hardware' van het internationaal ondernemen [in het bijzonder het management van financiële en belastingtechnische factoren].

[c] In de praktijk van het internationaal ondernemen moet altijd de specifieke en actuele uitgangssituatie van een internationaal vraagstuk domineren. Dit is complex daar de actualiteit juist internationaal doorgaans razendsnel

verandert. Het is ronduit lastig voor het internationale
['mondiale'] management om een en ander 'bij te
benen' laat staan op dergelijke snelle veranderingen te
anticiperen.

[d] Alle antwoordmogelijkheden zijn juist.

21

Wat komt er zoal bij de beslissing 'we gaan [voor het
eerst] internationaliseren' kijken? Aan welke onderwerpen
moet het management c.q. de ondernemer in het
bijzonder aandacht schenken?

[a] In het bijzonder de kwaliteit van het personeel –
medewerkers en management.

[b] In het bijzonder de voorbereiding in de vorm van een
gedegen internationaal businessplan.

[c] In het bijzonder de financiële middelen die een en
ander uiteindelijk mogelijk moet maken.

[d] Alle antwoordmogelijkheden zijn juist.

22

In welk opzicht verschillen de overwegingen gebruik te
maken van export van de overwegingen gebruik te
maken van directe buitenlandse investeringen [DBIs] als
grensoverschrijdende start-ups [internationaal venture
management/IVM ook wel 'greenfield' investeringen
genoemd], allianties, overnames dan wel fusies?

[a] DBIs zijn veel kostbaarder en zullen een groter beroep
doen dan welke vorm van export ook op de financiële
middelen van een internationaliserende onderneming.

[b] DBIs zijn veel complexer dan uiteenlopende vormen van export [in het bijzonder directe versus indirecte export].

[c] DBIs kennen een veel langere 'aanloopperiode' alvorens men het succes daarvan kan vaststellen. En de 'mate van succes' van een internationale groeistrategie is een belangrijke overweging van welk type groeistrategie [export of DBIs] internationaal gebruik te maken.

[d] De overweging 'export versus DBIs' wordt onder meer bepaald aan de hand van de mate van expertise met een gegeven groeistrategie, de omvang van de risico's waarmee een internationale groeistrategie gepaard gaat, de snelheid waarmee successen behaald kunnen worden, de omvang en aard van eventuele successen en de snelheid waarmee eventuele aanvangsinvesteringen terugverdiend kunnen worden.

23

Stel dat de leiding van een internationaliserende onderneming besluit in het buitenland een fabriek op te starten, waarom zou men een dergelijke fabriek vanuit het niets willen opbouwen?

[a] Om de 'control' zoveel mogelijk in eigen handen te houden. Geen inbreng van buitenaf betekent voorts dat men zelf de aard en omvang van de investering voor het bouwen van een fabriek [inclusief de kwaliteit van de constructie] kan bepalen.

[b] Omdat men over de tijd en de middelen beschikt om dit op deze wijze – 'organisch': van niets iets maken - te doen. 'Tijd' en 'beschikbare middelen' zijn belangrijke zo niet doorslaggevende factoren.

[c] Omdat na gedegen analyse bijvoorbeeld blijkt dat de buitenlandse c.q. lokale infrastructuur wat betreft kwaliteit van mensen, financiële middelen, bouwkennis etc simpelweg tekort schiet. Als er geen alternatieve bouwmogelijkheden voor 'zelf doen' voorhanden zijn, dan blijft er slechts één alternatief over: zelf een fabriek bouwen. Dit is regelmatig tot overwegend het geval in 'in ontwikkeling zijnde' landen.

[d] Alle antwoordmogelijkheden zijn juist.

24

Waarom moeten ondernemingen juist *niet* gebruik maken van internationale strategieën als offshoring en outsourcing?

[a] Als de kosten daarvan niet opwegen tegen de [objectiveerbare en valideerbare] opbrengsten.

[b] Als het realiseren van de voordelen van offshoring en outsourcing met veel onzekerheden met mogelijk ingrijpende gevolgen gepaard gaat.

[c] Als er in de leiding van een internationaal actieve onderneming onvoldoende deskundigheid aanwezig is om van offshoring en/of outsourcing een succes te maken.

[d] Alle antwoordmogelijkheden zijn juist.

25

In welk opzicht verschilt voor de leiding van een internationaliserende onderneming het toetreden tot een 'ontwikkelde' markt van het toetreden tot een 'onderontwikkelde' markt?

[a] Het toetreden tot een onderontwikkelde markt is veel lastiger. Het ontbreekt namelijk vaak aan essentiële randvoorwaarden om succesvol te kunnen worden [i.e. een slecht ontwikkelde fysieke infrastructuur, geen betrouwbare wetgevende en rechtsprekende instanties, etc].

[b] Een 'onderontwikkelde' markt kent veel meer onbeheersbare en onbeïnvloedbare beleidsvariabelen die van invloed zijn op het functioneren van een internationaal actief ['buitenlands'] bedrijf.

[c] Het grootste probleem van een 'onderontwikkelde' markt is het hoogst zelden aanwezig zijn van toptalent met de juiste vaardigheden en expertise noodzakelijk om op een 'onderontwikkelde' markt succesvol te kunnen zijn.

[d] Alle antwoordmogelijkheden zijn juist.

26

Op welke managementniveau in een internationaal actieve onderneming moet de besluitvorming over specifieke buitenlandse uitdagingen vooral plaatsvinden?

[a] Op het allerhoogste leidinggevende niveau op het hoofdkantoor in het thuisland van de onderneming in kwestie en op het niveau van het lokale management van een buitenlandse vestiging respectievelijk activiteit.

[b] Op het allerhoogste niveau in het moederland van de internationaal actieve onderneming – het hoofdkantoor en de directie/raad van bestuur.

[c] Bij voorkeur op het hoogste lokale managementniveau – er kan altijd nog naar een hoger managementniveau geëscaleerd worden. Het hoofdkantoor moet niet voortdurend met specifieke buitenlanduitdagingen worden geconfronteerd. Die moeten eerst en vooral door het lokale management worden opgelost.

[d] Dat hangt natuurlijk vooral af van de impact van die buitenlanduitdaging op de prestaties van de internationaal actieve onderneming. Als die impact [zeer] groot is dan moet zo snel mogelijk geëscaleerd worden naar het hoogste leidinggevende niveau [en dus het hoofdkantoor in het thuisland van de onderneming]. Als de impact relatief beperkt is dan dient het vraagstuk door het lokale management aangevat en opgelost te worden.

27

Wat is het belangrijkste verschil tussen mondiale 'ondernemingsstrategieën' en mondiale 'concurrentiestrategieën'?

[a] Mondiale ondernemingsstrategieën hebben altijd betrekking op de gehele onderneming terwijl mondiale concurrentiestrategieën louter en alleen betrekking hebben op producten – dus goederen en/of diensten.

[b] Mondiale concurrentiestrategieën hebben altijd betrekking op concurrenten terwijl mondiale ondernemingsstrategieën louter betrekking hebben op de internationaal actieve onderneming.

[c] Mondiale ondernemingsstrategieën hebben betrekking op de internationale groei en/of krimp van

ondernemingen terwijl mondiale concurrentiestrategieën betrekking hebben op alle acties die van invloed zijn op het 'spel van zet en tegenzet' [concurrentie] tussen bestaande en nieuwe rivalen.

[d] Mondiale concurrentiestrategieën hebben betrekking op zowel producten als concurrenten terwijl mondiale ondernemingsstrategieën betrekking hebben op het positioneren en profileren van de internationaal actieve onderneming *an sich*.

28

In welk opzicht verschilt 'mondiale' concurrentie van 'nationale' concurrentie?

[a] Er is geen fundamenteel verschil tussen beide vormen van concurrentie: in beide gevallen wordt namelijk de concurrentie als vertrekpunt genomen voor de beleidsvorming en bedrijfsvoering.

[b] Er is een fundamenteel verschil tussen beide vormen van concurrentie: bij mondiale concurrentie wordt de wereld en daarin opererende partijen als vertrekpunt genomen voor de beleidsvorming en bedrijfsvoering terwijl bij nationale concurrentie een nationale entiteit [en de daartoe behorende stakeholders] overwegend als vertrekpunt wordt genomen voor de beleidsvorming en bedrijfsvoering.

[c] Mondiale concurrentie is per definitie feller daar veel meer partijen rivaliseren om marge en marktaandeel. Bij nationale concurrentie kan ook fel geconcurreerd worden maar is het aantal rivaliserende partijen doorgaans geringer en daarmee is de druk om te concurreren op de kostendimensie of de marge veel minder groot.

[d] Mondiale concurrentie wordt in sterke mate beïnvloed door een veelheid aan niet-beïnvloedbare factoren zoals bijvoorbeeld transnationale organisaties, nationale culturen en geopolitieke verhoudingen. Nationale concurrentie daarentegen heeft daar in het geheel geen last van.

29

Met welke belangrijke overweging moet een internationale ondernemer/manager zich vooral bezig houden wanneer hij/zij een keuze moet maken van welke concurrentiestrategie gebruik te maken?

[a] Concurreer ik op de kostendimensie van de marge of de opbrengstendimensie van de marge?

[b] Concurreer ik op lage kosten, innovativiteit of ga ik voor een niche-strategie?

[c] Concurreer ik op eigen kracht of maak ik gebruik van partners – lokaal en/of internationaal?

[d] Concurreer ik overal in de wereld op dezelfde wijze [i.e. standaardisatie] of pas ik me met mijn activiteiten waar dan ook ter wereld voortdurend aan [i.e. differentiatie]?

30

Welke overweging[en] speelt/spelen een cruciale rol bij de beslissing van welke organisatievorm bij het internationaal ondernemen gebruik te maken?

[a] De expertise en kennis welke over dit onderwerp aanwezig is binnen de onderneming.

[b] De bestaande organisatievorm voorzover die vorm als basis kan fungeren voor het internationaal ondernemen. In dat geval kan immers wat betreft de 'organisatie van de onderneming' reeds met internationaal ondernemen worden gestart.

[c] De ter beschikking staande financiële middelen nodig om van de juiste organisatievorm gebruik te kunnen maken [lees: via de nodige aanpassingen van de organisatie c.q. reorganisaties] hetgeen de nodige investeringen in de 'organisatie van de onderneming' vergt.

[d] Het juiste antwoord omvat [a], [b] en [c].

HOOFDSTUK 2

31

Waarom is 'maatschappelijk verantwoord internationaal ondernemen' [MVIO] lastig te omschrijven, laat staan nauwgezet te definiëren?

[a] MVIO is daarvoor eenvoudigweg een te breed internationaal managementonderwerp: wat valt er immers niet onder MVIO?

[b] MVIO laat zich lastig kwantificeren en kan juist daardoor ook niet goed geëvalueerd worden, hetgeen uiteindelijk cruciaal is voor het verbeteren van nationale en internationale managementprocessen. Wat gemeten kan worden, kan verbeterd worden.

[c] MVIO is een hype, een psychologische tornado waar door vele 'deskundigen' lucht in wordt geblazen. Het omschrijven/definiëren van een 'hype' of 'management

mode' is bijkans onmogelijk. Het 'vertalen' van zo'n omschrijving [of definitie] gaat in beginsel failliet.

[d] MVIO is in een internationale maatschappelijke en bedrijfsomgeving niet op een 'absolute' en dus eenduidige manier te definiëren, omdat het internationale speelveld voor zowel ondernemingen als overheden [en daarvan deel uitmakende instanties] in het bijzonder uit dilemma's bestaat: de normatieve kwalificatie 'goed' of 'fout' ondernemingsgedrag is bijvoorbeeld niet overal ter wereld hetzelfde.

32

Waarom is het internationaal actieve Japanse bedrijfsleven vanuit duurzaamheidsoverwegingen geredeneerd mondiaal zo succesvol?

[a] Japanse internationals hebben al vele decennia ervaring met MVIO, omdat maatschappelijk verantwoord ondernemen als zodanig in Japan al vele tientallen jaren achtereen professioneel handen en voeten wordt gegeven. MVIO is als het ware onderdeel van hun DNA.

[b] Japanse internationals zijn zich terdege bewust van de krachtige relatie tussen de samenleving waarin ondernemingen opereren en het resultaat van eigen bedrijfsactiviteiten. Japanse ondernemingen beschikken om die reden ook over 'public affairs' [PA] afdelingen waarbij de omgeving waarin geopereerd wordt centraal staat in plaats van 'public relations' [PR] afdelingen die vooral de onderneming als zodanig 'verkopen' aan de omgeving waarin geopereerd wordt.

[c] Japanse internationals maken naast het reguliere financiële jaarverslag al veel langer dan Westerse ondernemingen gebruik van zogenaamde

'maatschappelijke' jaarverslagen [denk aan duurzaamheidsverslagen en sociale jaarverslagen]. Dit zorgt vervolgens voor 'balans' in de dagelijkse en langere termijn werkzaamheden.

[d] Alle antwoordmogelijkheden zijn juist.

33

Welke 'kijk op' internationaal actieve ondernemingen domineert overwegend in ontwikkelingslanden?

[a] De internationaal actieve onderneming als exporteur van werkgelegenheid.

[b] De internationaal actieve onderneming als facilitator van belastingontwijking.

[c] De internationaal actieve onderneming als initiator van welvaart en welzijn.

[d] De internationaal actieve onderneming als machtsinstituut welke eerst en vooral haar machtsbasis wenst te benutten en vercommercialiseren.

34

In hoofdstuk 2 passeert de 'IHC Caland' casus de revue. Wat had u de leiding van IHC Caland achteraf geadviseerd c.q. wat had de leiding van IHC Caland het beste kunnen doen?

[a] De leiding had bij voorkeur de uitdaging waarvoor men als onderneming stond aan de rechter voor moeten leggen en langs die weg een uitspraak moeten afdwingen – indien mogelijk in Nederland.

[b] Wat de leiding ook had gedaan, de publieke opinie had haar oordeel reeds over de onderneming en haar gedrag gevormd. Niets doen is soms de beste optie – in ieder geval de minst kostbare.

[c] De leiding van IHC Caland had bij voorkeur in een veel eerder stadium een internationale gedragscode moeten ontwikkelen waarin haarscherp wordt aangegeven wat conform internationale maar ook Nederlandse waarden en normen als betamelijk wordt gezien in het internationale zakelijke verkeer. Nederlandse waarden en normen zijn in dit verband van belang – hoewel de casus elders in de wereld [Azië] speelde – daar uiteenlopende Nederlandse aandeelhouders [denk aan Nederlandse banken, pensioenfondsen en private investeerders] overwegend eigenaar zijn van een Nederlands beursfonds [als IHC Caland]. Toen de casus in de media 'ontplofte' had de leiding pro-actief vanuit de eigen gedragscode [moeten] kunnen reageren en communiceren.

[d] De leiding van IHC Caland treft weinig blaam omdat de revenuen van de activiteiten van IHC Caland eveneens ten goede kwamen aan de lokale bevolking. Van het bijvoorbeeld per direct staken van de activiteiten ter plekke zou vooral de lokale bevolking de dupe zijn geworden [in plaats van IHC Caland en de aandeelhouders van IHC Caland].

35

Waarom wordt het 'internationale reputatiemanagement' van internationals in de toekomst naar alle waarschijnlijkheid de belangrijkste achilleshiel van diezelfde ondernemingen?

[a] Omdat internationaal reputatiemanagement een allesomvattende activiteit is waar vrijwel alle bedrijfsactiviteiten op de een of andere manier mee zijn verweven.

[b] Internationaal reputatiemanagement is dikwijls dansen op een slap koord omdat het lang niet altijd duidelijk is of en zo ja in hoeverre de implementatie van bepaalde bedrijfsactiviteiten in verschillende landen in de wereld bijdraagt aan de reputatie van de international.

[c] Reputatiemanagement is op zichzelf al een gecompliceerd onderwerp omdat 'reputatie' een 'immaterieel activum' is. Dergelijke activa laten zich lastig managen. Het kost dikwijls vele jaren om internationaal een goede reputatie op te bouwen en diezelfde goede reputatie kan juist vanwege dit immateriële karakter door een 'incident' [waar men vaak in het geheel geen grip op heeft] van het ene op het andere moment snel verslechteren.

[d] Alle antwoordmogelijkheden zijn juist.

HOOFDSTUK 3

36

Waarom is de technologische omgeving steeds belangrijker aan het worden voor internationaal actieve ondernemingen?

[a] In de technologische omgeving vinden vandaag de dag de meeste innovatieve ontwikkelingen plaats en innovativiteit in de meest brede zin van het woord is uiteindelijk de basis van een internationaal concurrentievoordeel.

[b] Ontwikkelingen in de technologische omgeving gaan dusdanig snel dat leiders van internationaal actieve ondernemingen voortdurend geconfronteerd worden met nieuwe uitdagingen die dikwijls bedreigend zijn voor het bestaansrecht van hun onderneming.

[c] Ontwikkelingen in de technologische omgeving faciliteren internationaal ondernemerschap want juist die ontwikkelingen zorgen ervoor dat de 'market place' en de 'market space' samenkomen, elkaar dus completeren en complementeren en daardoor een ongekend omvangrijk grensloos en grenzeloos speelveld tot stand brengen waar zorgvuldig management van uiteenlopende, complexe en vaak internationale processen van eminent belang is.

[d] De invloed van de technologische omgeving wordt door deskundigen veelal schromelijk overdreven, want klanten van internationaal actieve ondernemingen zullen zodra het gaat om 'vertrouwen' en omvangrijke transactiebedragen altijd een voorkeur houden voor zakelijke transacties die in de 'market place' plaatsvinden. De 'market space' – waar thans de meeste technologische ontwikkelingen plaatshebben – blijft ondergeschikt aan de 'market place'.

37

Waarom is de technologische omgeving vooral voor individuele internationale supersterren als DJ Chuckie, Tiësto, Pharrel Williams, Lady Gaga et cetera van groot belang.

[a] Internationaal ondernemen wordt dankzij de opkomst van de steeds transparantere en gebruiksvriendelijker digitale wereld steeds gemakkelijker en goedkoper en dat in het bijzonder voor individuen en daaromheen

geboetseerde kleine en slagvaardige organisaties die via hun effectieve en specifieke 'niche' vaardigheden dikwijls omvangrijke internationale marktsegmenten weten aan te spreken.

[b] De technologische omgeving is voor internationaal actieve supersterren een productieve en krachtige springplank naar meer exposure en daarmee de mogelijkheid meer goederen en diensten te verkopen.

[c] De antwoordmogelijkheden [a] en [b] completeren elkaar en vatten het belang van de technologische omgeving voor internationaal actieve supersterren goed samen.

[d] Ontwikkelingen in de technologische omgeving zijn in beginsel niet van doorslaggevend belang voor de 'business of superstars': individuele internationale supersterren hebben altijd al bestaan en de opkomst van technologisch geavanceerde digitale informatiekanalen voegt daar op zich weinig nieuws aan toe. Er is immers altijd al een wereldmarkt voor internationale supersterren geweest.

38

In welk opzicht compliceert een ambitieuze digitale strategie de internationale groeimogelijkheden van een onderneming?

[a] Veel leidinggevenden zijn niet goed op de hoogte van de [on]mogelijkheden van de digitale omgeving voor de groei van hun ondernemingen en missen daarmee een belangrijke 'trigger' voor internationale expansie.

[b] Een proactieve digitale strategie voegt extra 'wegen' toe die naar Rome [de klant] leiden hetgeen onder meer

tot logistieke, marketing- en
verkoopafstemmingsproblemen kan leiden in relatie tot
de tot voor kort 'reguliere' manier van marktbewerking
[namelijk via de 'market place'].

[c] Internationale digitale strategieën worden in
vergelijking tot reguliere 'market place'-strategieën door
andere professionals handen en voeten gegeven - dat wil
zeggen managers en leidinggevenden die op een
andere wijze klanten bedienen, vaak jonger zijn met de
erbijhorende 'andere' mindsets en manieren van
communiceren, hetgeen regelmatig tot miscommunicatie
en zelfs onbegrip kan leiden binnen vooral internationaal
actieve ondernemingen die al vele jaren - met
gebruikmaking van oude en vertrouwde formules -
succesvol internationaal opereren. Een ambitieuze
digitale strategie van een andere generatie
leidinggevenden kan dus compliceren en zelfs frustreren
met 'kortsluiting' in onderlinge professionele relaties
binnen de international als ultiem gevolg.

[d] Alle antwoordmogelijkheden zijn juist.

39

Waarom zijn de technologische en juridische omgeving
van een internationaal actieve onderneming doorgaans
sterk met elkaar verweven?

[a] In de technologische omgeving speelt het onderwerp
intellectuele eigendomsrechten ['IE-rechten'] ter
bescherming van de uniciteit van een gegeven
technologische noviteit vaak een doorslaggevende rol.
Patenten en octrooien zijn van groot belang om een
nieuwe technologie dan wel technologische noviteit te
beschermen zodat een nieuwe markt - welke zich
daaromheen boetseert - daadwerkelijk tot wasdom kan

komen. De smartphone en tablet-technologieën en de in het verlengde daarvan liggende nieuwe product-markten [denk aan de apps en 'wearables'] waren niet tot ontwikkeling gekomen als door Apple *cum suis* de oorspronkelijke technologieën in juridisch opzicht niet waren beschermd. Innovatie heeft baat bij juridische protectie - imitatie [juist] niet.

[b] Omdat het onderwerp productaansprakelijkheid dominant is in de juridische omgeving. Technologische noviteiten zijn van origine kwetsbaar en dat gaat regelmatig gepaard met rechtszaken die betrekking hebben op aansprakelijkheidskwesties - in het bijzonder wat betreft de werking van het product.

[c] Technologische producten – bestaande dan wel nieuwe – kunnen altijd schade berokkenen aan gebruikers en juist daarom gaat de technologische omgeving vrijwel 'automatisch' over in de juridische omgeving. De technologische en juridische omgeving verhouden zich tot elkaar als 'kop en munt' van het internationaal zakendoen.

[d] Alle antwoordmogelijkheden zijn juist.

40

Wat is voor internationaal actieve ondernemingen de belangrijkste overweging om actief gebruik te maken van uiteenlopende sociale media?

[a] Het marktbereik aan goederen en/of diensten maximaliseren.

[b] De mogelijkheid nieuwe doelgroepen – vaak jongere doelgroepen – aan te boren en te bewerken.

[c] De mogelijkheid frequenter en continu een dialoog met [mogelijke] afnemers te voeren – 24/7.

[d] Alle antwoordmogelijkheden zijn juist.

41

Is het mogelijk via een internet start-up mondiaal leidend te worden in een specifiek product-marktsegment?

[a] Ja, juist in een specifiek marktsegment. Het interessante van internet is dat men via bijvoorbeeld een eigen website of facebook-pagina contact heeft c.q. kan maken met miljoenen mogelijke klanten en geïnteresseerden. Hele specifieke producten 'vinden' op deze manier al snel hun weg op een wereldmarkt [denk aan vintage horloges, andere unieke accessoires, mode/kleding, klassieke auto's etc]. Los daarvan kan een internet start-up profiteren van het feit dat vele mogelijke klanten in uiteenlopende delen van de wereld voortdurend op het net en via sociale media op zoek zijn naar leveranciers van door hen gewenste specifieke producten en dat tegen competitieve prijzen [de basis van de succesformule en het businessmodel van bijvoorbeeld eBay]. Een internet start-up profiteert dus ten volle van de interactiviteit en het commerciële tweerichtingsverkeer van het internet.

[b] De meeste internet start-ups ondergaan doorgaans dezelfde uitdagingen en problemen als niet-internet start-ups. Het is en blijft dus ronduit lastig om vanuit het 'niets' 'iets' te worden, laat staan mondiaal leidend. En dat geldt al helemaal voor specifieke en dus minder omvangrijke product-marktsegmenten die doorgaans al gedomineerd worden door bestaande partijen/aanbieders.

[c] Dat is moeilijk daar de concurrentieposities in bestaande product-marktsegmenten reeds zijn uitgekristalliseerd. De door bestaande marktpartijen – dat wil zeggen niet-internetondernemingen – opgeworpen en door de jaren heen geperfectioneerde toetredingsbelemmeringen zijn vaak te hoog en lastig te slechten.

[d] Dat is bijkans onbegonnen werk. Dat heeft voor een belangrijk deel te maken met de fragiele financiële positie waarmee internet start-ups te maken hebben. De voor internationale marktdominantie benodigde financiële vuurkracht is simpelweg afwezig. Dit is een inherent nadeel van internet start-ups waardoor het vrijwel onmogelijk is leidend te worden in een specifiek mondiaal product-marktsegment.

42

Koninklijke Shell [ook bekend als 'Royal Dutch Shell'] is een van 's werelds grootste multinationals. Het Nederlandse modelabel Supertrash is een relatieve nieuwkomer op het internationale bedrijfstoneel. De stelling is dat beide ondernemingen internationaal van overeenkomstige sociale mediastrategieën gebruik zullen maken.

[a] De stelling is juist. Dankzij sociale media wordt een 'zender' van een boodschap in contact gebracht met een 'ontvanger' van die boodschap. In de kern gaat het dus bij beide ondernemingen om het koppelen van zenders aan ontvangers en dat via boodschappen - digitaal.

[b] De stelling is onjuist. Het gaat om ondernemingen actief in compleet verschillende takken van sport waar verschillende communicatiewetmatigheden opgeld doen. Chemie/olie en mode/retail hebben weinig met

elkaar gemeen. Om diezelfde reden zullen Shell en Supertrash van verschillende sociale mediastrategieën gebruik maken.

[c] De stelling is onjuist. Sociale mediastrategieën zijn voor Supertrash vanwege het snel veranderende modelandschap veel belangrijker dan voor Shell. Shell opereert in een relatief stabiele bedrijfstak en dan is het voeren van een sociale mediastrategie minder nuttig en dus minder belangrijk.

[d] Antwoordmogelijkheid [a] en [b] zijn juist - antwoordmogelijkheid [c] is onjuist.

43

Internationaal actieve ondernemingen kunnen vandaag de dag niet meer zonder een effectieve sociale mediastrategie.

[a] Dit is volstrekt juist. Punt.

[b] Dat valt nog te bezien. In sommige sectoren of bedrijfstakken is het juist *niet* de bedoeling [in digitaal opzicht] transparant te zijn over wat men waarom en hoe met welk resultaat doet.

[c] Sterker, internationaal actieve ondernemingen kunnen dankzij uiteenlopende sociale mediakanalen juist versneld internationaliseren. Een effectieve sociale mediastrategie loont dus zeker de moeite.

[d] Uitgangspunt is altijd: wat wil ik als bedrijf internationaal realiseren [wat is het finale 'doel' van de bedrijfsinspanningen?] en welke 'middelen' respectievelijk 'strategieën' [als sociale mediastrategieën] heb ik daarvoor nodig? Het antwoord op de eerste vraag [i.e.

'Wat wil ik als onderneming internationaal realiseren?'] bepaalt dus of en zo ja hoe er van sociale mediastrategieën gebruik wordt gemaakt. Ook sociale mediastrategieën zijn 'middelen' en dus is het toepassen daarvan nimmer een 'doel' op zich. De geponeerde stelling is dus niet per definitie juist.

HOOFDSTUK 4

44

Kennis van de internationale juridische omgeving 'maakt of breekt' een internationaal actieve onderneming!

[a] Dit is onzin daar ook andere factoren een belangrijke rol spelen.

[b] De stelling bevat een kern van waarheid maar vaak zijn andere factoren belangrijker.

[c] De stelling is overwegend juist en mede om die reden zullen ondernemingen hun juridische huiswerk buiten het moederland goed dienen te maken – vooral in geografische markten en landen met een minder solide juridische infrastructuur.

[d] De stelling is juist en dus zullen ondernemingen in internationaal juridisch opzicht van de hoed en de rand dienen te weten.

45

Vooral in sectoren waar immateriële activa van doorslaggevend belang zijn, zijn IE-rechten de basis van een internationaal concurrentievoordeel.

[a] Dit is vaak het geval en dus zullen ondernemingen die internationaal vooral met dergelijke activa concurreren in juridisch opzicht competitief dienen te zijn.

[b] Dit is niet noodzakelijkerwijs het geval: IE-rechten zijn altijd van belang, dus zowel in sectoren waar materiële activa als immateriële activa er in de internationale concurrentiestrijd toe doen.

[c] IE-rechten zijn hoogst zelden van doorslaggevend belang in sectoren waar immateriële activa de boventoon voeren. In dat laatste geval is bijvoorbeeld reputatiemanagement veel belangrijker. En een reputatie is nu eenmaal niet via IE-rechten te beschermen.

[d] In theorie is dit juist. In de praktijk beseffen echter veel te weinig ondernemingen hoe belangrijk dergelijke IE-rechten daadwerkelijk zijn. Pas sinds enkele jaren dringt in veel sectoren het besef door dat IE-rechten van fundamenteel belang zijn bij het ontwikkelen en verdedigen van een concurrentievoordeel – vooral internationaal. Met name ondernemingen in kennisintensieve sectoren als software, chemie, gaming en farmacie maken terecht intensief gebruik van IE-rechten.

46

Bij het internationaal zakendoen dient een onderneming altijd de lokale buitenlandse wetgeving als vertrekpunt te nemen en niet de 'thuisland' wetgeving.

[a] Dit is zonder meer de juiste benaderingswijze.

[b] Dit is veelal de juiste benaderingswijze.

[c] Dit is zelden de juiste benaderingswijze.

[d] Dit is doorgaans de juiste benaderingswijze waarbij eventuele relevante transnationale wetgeving nauwlettend [op]gevolgd moet worden. Dergelijke wetgeving is namelijk veelal leidend.

47

Wat is veelal de beste manier om je als onderneming tijdens het internationaal zakendoen tegen mogelijke juridische risico's te beschermen?

[a] Door gebruik te maken van kwalitatief hoogwaardige contracten.

[b] Door gebruik te maken van kwalitatief hoogwaardige juristen.

[c] Door louter hoogwaardige producten te ontwikkelen, produceren, distribueren en/of verkopen.

[d] Een combinatie van [a], [b] en [c].

48

Waarom is bij het internationaal zakendoen een 'letter of intent' [LOI] van eminent belang?

[a] Een LOI zorgt ervoor dat een internationale zakelijke transactie daadwerkelijk geëffectueerd kan worden.

[b] Met een LOI dek je je als ondernemer c.q. manager in tegen het niet-doorgaan van een buitenlandse zakelijke transactie.

[c] Een LOI is een noodzakelijke voorwaarde voor een internationale zakelijke transactie.

[d] Een LOI maakt het proces van het internationaal zakendoen in het bijzonder in het aanvangsstadium juridisch transparant waarbij de voorwaarden waartegen zaken worden gedaan op een rij worden gezet. Die voorwaarden worden daarmee geëxpliciteerd.

49

Hoe kan een onderneming internationaal het beste omgaan met de in sommige landen uiterst kostbare productaansprakelijkheidsproblematiek?

[a] Door als onderneming niet actief te worden in landen met een strikte productaansprakelijkheidswetgeving [zoals de Verenigde Staten van Amerika].

[b] Door kwalitatieve topproducten al dan niet in nauwe samenwerking met [mogelijke] afnemers te [laten] maken waarbij het gehele productieproces zorgvuldig wordt gedocumenteerd en dus vastgelegd.

[c] Door gebruik te maken van de beste juristen op dit specifieke terrein.

[d] Door in dergelijke landen een continue dialoog aan te gaan met [mogelijke] afnemers waarbij de productspecificaties voortdurend worden gedeeld, besproken en geperfectioneerd. Op die manier worden eventuele juridische problemen voorkomen, want de [potentiële] afnemers zijn van meet af aan betrokken geweest bij alle fasen van het productieproces.

50

Wat wordt met 'internationale arbitrage' bedoeld?

[a] Internationale arbitrage is het juridisch beslechten van een conflict tussen twee dan wel meerdere zakelijke partijen die uit meerdere landen afkomstig zijn.

[b] Internationale arbitrage betekent het in juridisch zorgvuldig opgestelde contracten onderbrengen van mogelijke internationale zakelijke transacties.

[c] Internationale arbitrage betekent hetzelfde als 'internationale rechtspraak' maar dan specifiek ingeval een juridisch conflict tussen een private onderneming en een buitenlandse overheid.

[d] Internationale arbitrage is een vorm van rechtspraak waarbij door arbiters [individuele vakinhoudelijke specialisten] bindende uitspraken in internationale zakelijke geschillen worden gedaan, waarbij die bindende uitspraken niet per definitie bindend zijn in alle landen waarin door de betreffende partijen geopereerd wordt. Het geografische toepassingsbereik van een uitspraak is daarmee in de praktijk veelal – dus niet altijd - beperkt.

51

Hoe kunnen Westerse ondernemingen met technologisch unieke producten hun technologie in China het beste beschermen tegen mogelijk kopieergedrag?

[a] Door niet actief te worden in China – de waarschijnlijkheid dat unieke technologie gekopieerd wordt is immers zeer groot.

[b] Door in China zorgvuldig potentiële partners te kiezen/screenen en ervoor te zorgen dat zij zich committeren aan de gedragscodes van de Westerse onderneming voorzover het onder meer gaat om het

beschermen van intellectuele eigendomsrechten [IE-rechten].

[c] Door: (1) IE-rechten vast te leggen – waar dan ook ter wereld – alvorens actief te worden in China; (2) als Westerse onderneming gebruik te maken van medewerkers in China die goed op de hoogte zijn van de lokale zakelijke mores en hen actief bij eventuele vormen van technologie-overdracht te betrekken en (3) voortdurend te evalueren of, en zo ja, in welke mate er sprake is van kopieergedrag door lokale ondernemingen dan wel Chinese partners.

[d] Alle antwoordmogelijkheden zijn juist.

52

Hoe kunnen internationaal opererende ondernemingen corruptie het beste tegen gaan c.q. aanpakken?

[a] Door internationale managers die zich inlaten met corruptie onmiddellijk te ontslaan en juridisch te vervolgen – het werken met 'voorbeeldfuncties' is vrijwel altijd effectief.

[b] Door gebruik te maken van interne en externe opleidingsprogramma's waarbij medewerkers onder meer via rollenspelen wordt geleerd hoe om te gaan met uiteenlopende internationale 'verleidingen' die niet zelden leiden tot internationale corruptie.

[c] Door gebruik te maken van een goede internationale gedragscode die door alle medewerkers van de onderneming onderschreven dient te worden.

[d] Een combinatie van [a], [b] en [c] is in het kader van dit onderwerp vaak het effectiefst.

HOOFDSTUK 5

53

Waarom is internationalisatie voor 'diensten'ondernemingen vaak lastiger dan internationalisatie voor 'goederen'ondernemingen?

[a] Er is geen verschil in complexiteit: in beide gevallen is internationalisatie een complexe aangelegenheid gezien de veelheid aan veranderingen op het terrein van uiteenlopende functionaliteiten [als Productie, Marketing, Sales, Human Resources, ICT, etc] en allerhande onzekerheden en risico's waar een internationaliserende onderneming mee wordt geconfronteerd. Dit heeft in beginsel weinig te maken met de aard van de onderneming [diensten- dan wel goederenonderneming].

[b] Dienstenondernemingen maken een 'niet-tastbaar' product en zijn daardoor per definitie in buitenlandse, dikwijls onbekende markten, kwetsbaarder dan ondernemingen die goederen ontwikkelen, produceren en internationaal distribueren en verkopen. 'Niet-tastbare' producten zijn immers eenvoudiger te kopiëren en moeilijker te beschermen.

[c] Dienstenondernemingen zijn vanwege de 'niet-tastbare', immateriële aard van de output lastiger te managen dan goederenondernemingen. Dit is een algemene wetmatigheid waar de internationale dimensie van het zakendoen in essentie geen invloed op heeft.

[d] Internationaal actieve dienstenondernemingen hebben niet alleen te maken met een van origine lastig te managen 'niet-tastbaar', immaterieel product, nota bene vaak onderhevig aan snelle veranderingen in

afnemersvoorkeuren en dus modegevoelig, maar worden daarenboven bij het internationaliseren van hun diensten in sterke mate beïnvloed door de ongrijpbare factor cultuur. De invloed van cultuur op het produceren en consumeren c.q. afnemen van diensten is vanwege het niet-tastbare/immateriële karakter van het product in de regel veel groter dan de invloed van de factor cultuur op het ontwikkelen, produceren, distribueren, verkopen en gebruiken van goederen.

54

Een 'organische' internationale aspiratie treffen we vaker aan bij beursgenoteerde bedrijven. Niet-beursgenoteerde familiebedrijven daarentegen maken juist vaker gebruik van 'economische' aspiraties.

[a] Dit is juist – een 'organische' internationale aspiratie wordt vooral door Angelsaksische en West-Europese ondernemingen gebruikt.

[b] Dit is doorgaans niet onjuist.

[c] Dit is onjuist – 'economische' internationale aspiraties zijn voor beursgenoteerde ondernemingen veelal begin- en eindpunt van de internationale beleidsvorming en bedrijfsvoering. Familiebedrijven maken in de regel gebruik van 'organische' internationale aspiraties, hoewel ook onder familiebedrijven economische internationale aspiraties kunnen worden aangetroffen.

[d] Dit is soms onjuist, maar in de regel is dit omgeven met de nodige uitzonderingen op deze regel.

55

Over welke eigenschappen moet een leider van een internationaal actieve onderneming bij voorkeur beschikken?

[a] Een dergelijk leider moet vooral empathisch sterk zijn gezien de veelheid aan onbekende culturele en andere omgevingen [denk: maatschappelijke, juridische en technologische omgevingen] waarin buiten het moederland geopereerd dient te worden.

[b] Er is in beginsel geen fundamenteel verschil met louter in het moederland actieve leiders: leiderschap is situatie-, tijd- en persoonsgebonden en de aard van de omgeving doet er dienaangaande niet toe.

[c] Internationale leiders moeten met name verstand hebben van 'operational excellence'-statistieken, 'key performance indicators' [KPIs] en uiteenlopende financiële kengetallen, omdat internationaal actieve ondernemingen juist op deze drie kwantitatieve dimensies aangestuurd, geëvalueerd en dus gemanaged dienen te worden.

[d] Alle antwoordmogelijkheden zijn juist.

56

In het boek 'Mondiaal Management' worden vele zogenaamde 'externe' internationalisatiemotieven beschreven. Waarom is het lastig een totaaloverzicht van dergelijke 'externe' internationalisatiemotieven te geven?

[a] Omdat dergelijke motieven dikwijls het resultaat zijn van plotselinge politieke veranderingen waar in beginsel niet dan wel moeilijk op geanticipeerd kan worden.

[b] Omdat dergelijke motieven doorgaans sterk lokatie-, tijd- en situatiegebonden zijn en in beginsel al buiten de invloedssfeer van de leiding van een internationaal actieve onderneming liggen.

[c] Externe internationalisatiemotieven hebben niet per definitie invloed op het functioneren van een internationaal actieve onderneming en juist om die reden beseffen leidinggevenden vaak te laat dat een overzicht van externe internationalisatiemotieven wel gemaakt dient te worden.

[d] Het zijn er namelijk eenvoudigweg veel teveel. Het op een rij zetten van alle externe internationalisatiemotieven vergt teveel tijd, aandacht en middelen van de leiding van een onderneming. Die [nu eenmaal] beperkte tijd, aandacht en middelen kunnen beter aan andere zaken worden besteed dan het op een rij zetten van een grote hoeveelheid externe internationalisatiemotieven.

57

De internationalisatiemotieven van familieondernemingen verschillen significant van die van beursgenoteerde ondernemingen.

[a] Dit is juist – de lezers van financiële kranten als de Financial Times en Het Financieele Dagblad worden hier dagelijks mee geconfronteerd.

[b] Dit is vaak juist.

[c] Dit is soms juist.

[d] De stellingname is welbeschouwd niet ter zake doend omdat internationalisatiemotieven verschillen per

individuele onderneming - ongeacht of het een familiebedrijf dan wel een beursgenoteerd bedrijf betreft.

58

Internationalisatie van voetbalclubs is steeds vaker een noodzakelijke voorwaarde voor internationaal sportief succes.

[a] Dit is onjuist. Ook 'nationale' voetbalclubs zonder buitenlandse spelers kunnen internationaal floreren.

[b] Dit is vaak onjuist.

[c] Dit is in toenemende mate juist. De praktijk van de internationale voetbaltopsport leert dat internationale sportieve successen 'gekocht' kunnen worden door de beste spelers waar dan ook ter wereld aan te trekken en die vervolgens in te zetten voor de mondiale merchandising.

[d] Niet een van de drie bovenstaande antwoordmogelijkheden is juist.

HOOFDSTUK 6

59

Wat is het fundamentele verschil tussen 'offshoring' en 'outsourcing'?

[a] Er is in beginsel geen fundamenteel verschil.

[b] Offshoring heeft altijd een internationale connotatie, outsourcing niet [altijd].

[c] Offshoring is altijd een lagekostenstrategie, outsourcing niet [altijd].

[d] Offshoring is er altijd op gericht een internationaal actieve onderneming 'leaner' en 'meaner' te maken, terwijl bedrijven via internationale outsourcing daarentegen ook andere doelstellingen kunnen realiseren.

60

Wat zijn de belangrijkste kenmerken van ondernemingen die internationaal vooral met creatieve en inventieve strategieën concurreren?

[a] Dergelijke ondernemingen zijn geobsedeerd door het minimaliseren van de kosten en het optimaliseren van de 'value added' voor finale afnemers.

[b] Dergelijke ondernemingen laten zich niet gijzelen door traditionele managementparadigma's en eertijds ontwikkelde managementmodellen. Men probeert een optimale wisselwerking tot stand te brengen tussen de op [latente] klantbehoeften gerichte verbeeldingskracht van eigen dan wel ingehuurde medewerkers waarbij de toekomst als vertrekpunt wordt genomen en het [relativerende] realiteitsbesef dat er 'vandaag' zoveel mogelijk producten tegen zo laag mogelijke kosten verkocht dienen te worden.

[c] Die ondernemingen zijn opvallend vaak digitaal actief in de mondiale 'market space' en komen daar de meest veeleisende klanten tegen en dus dienen juist voor die klanten creatieve marktbewerkingsstrategieën gecreëerd te worden.

[d] Die ondernemingen blinken vooral uit in het ontwikkelen van een gestage stroom aan creatieve producten waar goede marges mee zijn te verdienen. Zodra de marges van dergelijke creatieve producten structureel onder druk komen te staan, worden nieuwe creatieve producten ontwikkeld. De organisatiecultuur is ontvankelijk voor continue vernieuwing.

61

Wat is het belangrijkste verschil tussen een 'lokale' bedrijfstak en een 'mondiale' bedrijfstak?

[a] Een lokale bedrijfstak is een bedrijfstak waarin ondernemingen louter lokale klanten hebben. In een mondiale bedrijfstak daarentegen zijn de klanten vooral mondiaal actief.

[b] Een lokale bedrijfstak is een bedrijfstak waarin met name geconcurreerd wordt op de toegevoegde waarde-dimensie van de marge en niet op de kosten-dimensie van de te realiseren marge [waarbij marge = opbrengsten minus kosten ofwel M = O - K]. In mondiale bedrijfstakken wordt in het bijzonder geconcurreerd op de kosten-dimensie van de marge. De 'winst' die juist daar middels 'operational excellence' inspanningen wordt behaald, wordt vervolgens geïnvesteerd in de uniciteit van de toegevoegde waarde van het product. De financiële resultaten van de 'operational excellence' inspanningen worden verder geïnvesteerd in een actief internationaal fusie- en overnamebeleid.

[c] In een lokale bedrijfstak zijn de producten lokaal van aard, terwijl in mondiale bedrijfstakken producten mondiaal geproduceerd, gedistribueerd en verkocht [moeten] worden.

[d] In een lokale bedrijfstak draait alles om lokale leveranciers, lokale [levens]gemeenschappen ['communities'] met klanten en overheidsfunctionarissen als belangrijkste stakeholders en lokale productie-, distributie-, marketing- en verkoopstrategieën. In mondiale bedrijfstakken zijn leveranciers, 'communities', productie, distributie, marketing en verkoopstrategieën per definitie mondiaal van aard. De 'economische zone des doods' moet in dit verband als een 'stuck in the middle' positie worden gezien.

62

Offshoring en outsourcing zijn vooral relevant voor ondernemingen die internationaal actief zijn en in het bijzonder concurreren op de kosten-dimensie van de marge.

[a] Dit is juist.

[b] Dit is doorgaans juist, hoewel offshoring en outsourcing ook positieve consequenties kunnen hebben voor de opbrengsten-dimensie van de marge in termen van kwaliteitsvoordelen van door derden dan wel zelf elders in de wereld uitgevoerde werkzaamheden.

[c] Offshoring en outsourcing kunnen ook relevant zijn voor lokaal – dus louter in het binnenland - actieve ondernemingen.

[d] Offshoring is doorgaans wel relevant voor ondernemingen die internationaal actief zijn en vooral concurreren op de kosten-dimensie van de marge. Voor outsourcing is dit echter veel minder het geval.

63

Internationals als Apple en Google zijn vrijwel onmogelijk effectief te beconcurreren. Wat is hiervan de belangrijkste oorzaak?

[a] Beide ondernemingen hebben 'diepe financiële zakken' en daar kunnen andere internationals eenvoudigweg niet tegenop.

[b] Internationals als Apple en Google concurreren zowel op creativiteit/innovativiteit [denk aan de vormgeving of gebruiksvriendelijkheid van hun producten] als op lage kosten. Apple en Google hebben niet alleen hoogwaardige creatieve en innovatieve specialisten in dienst, maar munten ook uit op het terrein van 'operational excellence': zoveel mogelijk producten zo goedkoop mogelijk met zo weinig mogelijk fouten produceren, distribueren en verkopen. De meeste internationals concurreren echter op innovativiteit óf lage kosten – Apple en Google concurreren op beide dimensies die samen uiteindelijk bepalend zijn voor het bedrijfsresultaat.

[c] Apple en Google voeren een pro-actief [internationaal] overnamebeleid en kopen met dank aan de overmatig aanwezige financiële middelen veel binnen- en buitenlandse 'pareltjes' op en integreren die vervolgens op een succesvolle manier in de Apple- en Google-organisatie.

[d] Apple en Google beschikken over de meeste patenten en octrooien en zijn daardoor in staat hun voorsprong ten opzichte van nieuwkomers vast te houden en uit te bouwen. Men bouwt immers voort op eertijds ontwikkelde succesproducten die juridisch op een zorgvuldige wijze worden beschermd.

64

Internationale concurrentievoordelen moeten bij voorkeur in specifieke product-markten [niches] gerealiseerd worden.

[a] Daar valt in theorie veel voor te zeggen maar in de praktijk blijkt dit moeilijk realiseerbaar en vooral continueerbaar c.q. houdbaar. Een 'duurzaam' internationaal concurrentievoordeel realiseren in een internationale niche is vrijwel onbegonnen werk terwijl dit juist in het kader van de vaak omvangrijke aanvangsinvesteringen doorgaans wel noodzakelijk is.

[b] Daar valt veel voor te zeggen hoewel dit in de praktijk niet eenvoudig is te verwerkelijken: specifieke product-markten zijn qua omvang vaak minder tot weinig aantrekkelijk. De [lange] terugverdientijd van de investeringen maakt de onderneming kwetsbaar voor nieuwe toetreders.

[c] Dit is veelal juist. Daarbij dient opgemerkt te worden dat dergelijke concurrentievoordelen bij voorkeur ingebed moeten worden in de uniciteit van het product in kwestie [goed of dienst] waardoor de kopieerbaarheid van het succesproduct lastig en dus minimaal is. Dienaangaande is ook de kwetsbaarheid voor een imiterende lagere kostenconcurrent uit bijvoorbeeld een lagelonenland veel geringer.

[d] Dit is overwegend juist met dien verstande dat internationale product-markten juist niet 'specifiek' dienen te zijn [maar 'generieker' en dus omvangrijker].

HOOFDSTUK 7

65

In de statistieken van overheidsorganen [denk in Nederland bijvoorbeeld aan het CBS] wordt steeds vaker een expliciet onderscheid gemaakt tussen twee verschillende vormen van export: 'zuivere' uitvoer en 'wederuitvoer'. Wat is het verschil tussen zuivere of 'pure' uitvoer en wederuitvoer?

[a] Bij wederuitvoer draait het om het exporteren van aanvankelijk geïmporteerde goederen en/of diensten al dan niet als onderdeel van finale c.q. geassembleerde producten.

[b] Bij wederuitvoer draait het vooral om de export van industriële goederen in plaats van alle producten [dus naast goederen ook diensten].

[c] Bij pure/zuivere uitvoer draait het vooral om vanuit Nederland c.q. het 'thuisland' geëxporteerde producten [i.e. goederen of diensten].

[d] Het fundamentele verschil tussen zuivere uitvoer en wederuitvoer heeft betrekking op de aard van de producten: producten die voor 100 procent in het moederland zijn gemaakt kunnen louter via zuivere export worden uitgevoerd. Bij wederuitvoer kan er eveneens sprake zijn van een moederlandaandeel van 100 procent, maar is dit aandeel in de praktijk vaak lager dan 90 procent [dikwijls tussen de 70 en 90 procent].

66

Wat is het beste voor het 'huishoudboekje' van een land: zuivere/pure uitvoer, wederuitvoer, grensoverschrijdende fusies dan wel grensoverschrijdende overnames?

[a] Grensoverschrijdende fusies of overnames want daarmee wordt de omvang van een internationaal actieve onderneming snel groter en mede daardoor – althans in theorie - de via de belastingdienst te innen uiteenlopende belastingen als onder meer winst- en dividendbelasting.

[b] Dat hangt in sterke mate af van uiteenlopende variabelen als de kwaliteit van het management, de mogelijkheid van overheidssubsidies te profiteren en de mogelijkheid daadwerkelijk omvangrijke fusies en overnames tot stand te [kunnen] brengen [hetgeen in uiteenlopende delen van de wereld – als bijvoorbeeld de Europese Unie - aan strikte wet- en regelgeving is gebonden]. Op deze vraag valt dus geen eenduidig antwoord te geven.

[c] Zuivere/pure uitvoer is het beste voor 's lands economische slagkracht en kennisinfrastructuur en dat in de meest brede zin van het woord. De revenuen van zuivere export komen ten goede aan de organisatorische entiteit in het thuisland en dat betekent dat in het thuisland eveneens de organisatorische infrastructuur moet worden ontwikkeld om deze vorm van export mogelijk te maken. Daar profiteert vervolgens de kennisinfrastructuur van een land weer van [denk in dit geval bijvoorbeeld aan de 'kennisclusters' in Nederland te Eindhoven, Wageningen, Leiden en Amsterdam-Zuid – clusters aan verwante ondernemingen en organisaties als universiteiten waartussen uiteenlopende vormen van synergetische kruisbestuiving plaatsheeft].

[d] De verschillen tussen de uiteenlopende internationale expansiestrategieën van ondernemingen ontlopen elkaar niet zoveel. In beginsel hebben namelijk alle internationale groeistrategieën positieve en minder positieve gevolgen. De omvang van de voordelen en daarmee de aantrekkelijkheid van een internationale bedrijfsgroeistrategie is altijd specifiek voor de internationale situatie van een land.

67

Hoe kunnen exportvalutarisico's het beste afgedekt worden?

[a] Door producten of onderdelen van producten aan te bieden in dezelfde valuta als waarin deze zijn gekocht. Indien dit niet mogelijk is zal het valutarisico via contractuele clausules zoveel mogelijk op de afnemer afgewenteld dienen te worden. Een offerte biedt hier bijvoorbeeld al de nodige mogelijkheden voor.

[b] Via een valutaoptie gezien de relatieve flexibiliteit van dit financiële instrument.

[c] Door van een transparante en professionele exportofferte en –order gebruik te maken, waarin in ieder geval een koersrisicoverzekering is opgenomen.

[d] Door leverings- en betalingsvoorwaarden helder en duidelijk aan het papier toe te vertrouwen.

68

Directe export is een effectievere exportstrategie dan indirecte export. Dit geldt vooral voor kleinere [i.e. kleine en middelgrote] ondernemingen met relatief weinig exportervaring.

[a] Indirecte export is voor middelgrote en kleine bedrijven in de regel effectiever dan directe export. Kleinere ondernemingen missen vaak de expertise die nodig is om van directe export een succes te maken.

[b] Kleinere ondernemingen hebben doorgaans baat bij het zoveel mogelijk zelf via directe export uitvoeren van de exportstrategie. In dat geval kan men immers zelf beter het tempo van de export en de ermee gepaard gaande financiële investeringen managen en overzien.

[c] Directe export is een goedkopere strategie dan indirecte export waarvoor [dure] externe deskundigheid benodigd is. Daarmee is indirecte export vaak niet geschikt voor kleine en middelgrote ondernemingen.

[d] Directe export is altijd effectiever – ongeacht de omvang van de onderneming in kwestie. Indirecte export is louter aantrekkelijk indien directe export niet mogelijk is maar er vanwege majeure opportuniteiten toch geëxporteerd dient te worden.

69

De keuze voor directe of indirecte export wordt sterk beïnvloed door het risicomanagementbeleid van de exporterende onderneming.

[a] Dit is juist: risicozoekend management heeft vaak een voorkeur voor directe in plaats van indirecte export.

[b] Dit is onjuist: de mate van risicoaversie is doorgaans niet van invloed op de keuze voor directe dan wel indirecte export. Beide vormen van export zijn risicovol.

[c] Het risicomanagementbeleid van een internationaal actieve onderneming is van invloed op de wijze van exporteren en internationaliseren. Een meer risicozoekend managementteam zal zich eerder buigen over directe export dan een risicoavers managementteam. De praktijk leert dat directe export voor minder ervaren exporteurs vaak risicovoller is dan indirecte export. Indirecte export wordt immers handen en voeten gegeven door partijen met relevante ervaring.

[d] De keuze voor directe dan wel indirecte export wordt hoogst zelden louter beïnvloed door de mate van risicoaversie bij het management. In de praktijk spelen vaak veel factoren een rol. De factor 'risicoaversie' komt dan ook een mineure rol toe – het is een van de factoren.

70

De zogenaamde 'betalingsvoorwaardenparagraaf' is het belangrijkste onderdeel van een exportofferte.

[a] Hier valt geen speld tussen te krijgen.

[b] Een exportofferte moet altijd in haar geheel worden beoordeeld en nimmer op één paragraaf.

[c] Leveringsvoorwaarden en de ermee gepaard gaande clausules zijn vaak [nog] belangrijker.

[d] Een exportofferte moet vooral glashelder aangeven welke producten tegen welke voorwaarden op welke wijze wanneer worden geleverd. Betalingsvoorwaarden maken daar overigens een belangrijk onderdeel vanuit.

71

De 'beste' exportstrategie voor een onderneming bestaat niet.

[a] De 'beste' exportstrategie voor een onderneming bestaat juist wel maar is altijd bedrijfs- en situatiespecifiek.

[b] Dit is een correcte weergave van de realiteit.

[c] De 'beste' exportstrategie ontwikkelen en uitvoeren vergt het maken van zorgvuldige analyses en kan langs deze weg zeker vorm worden gegeven.

[d] De 'beste' exportstrategie ontwikkelen is in de regel weinig zinvol en in de praktijk van alledag doorgaans een illusie omdat internationale omgevingsontwikkelingen vaak onvoorspelbaar zijn.

72

'Exportmodellen' leiden tot een kwalitatief betere besluitvorming.

[a] Deze constatering is juist.

[b] Deze constatering is niet juist vanwege de diversiteit en onvoorspelbaarheid van de uiteenlopende omgevingen waarin ondernemingen internationaal opereren.

[c] Deze constatering is niet juist want exportmodellen reduceren de werkelijkheid tot kwantitatieve parameters en daarmee zijn dergelijke modellen niet representatief voor de veelkoppige exportwerkelijkheid.

[d] Deze constatering is betwistbaar. Exportmodellen zijn in beginsel theoretische constructies die mede daardoor

moeilijk door pragmatische practici toegepast kunnen worden [een 'skill'-probleem]. Men heeft er bovendien weinig affiniteit mee [een 'will'-probleem]. Managers en exportmedewerkers maken er in de praktijk van het exportmanagement dan ook vaak geen gebruik van.

73

Het ontwikkelingsstadium van een buitenlandse afzetmarkt bepaalt voor een groot deel de keuze tussen een directe of indirecte exportstrategie.

[a] Dit is nonsens. Het ontwikkelingsstadium van een onderneming [al dan niet ervaring met export] bepaalt die keuze – niet het ontwikkelingsstadium van een gegeven buitenlandse afzetmarkt.

[b] In deze bewering zit een kern van waarheid. Een meer ontwikkelde buitenlandse markt is voor een exporterend bedrijf vaak minder risicovol en dan maakt men doorgaans eerder gebruik van directe export.

[c] In deze bewering zit een kern van waarheid. Een meer ontwikkelde buitenlandse markt is voor een exporterend bedrijf doorgaans minder risicovol en dus maakt men eerder gebruik van indirecte export.

[d] [b] is juist met dien verstande dat een meer ontwikkelde buitenlandse markt altijd minder risicovol is.

74

Het exportbeleid van een kleine onderneming wijkt significant af van het exportbeleid van een middelgrote of grote onderneming.

[a] Dit is juist, want bij een grotere onderneming spelen veel meer beleidsvariabelen een rol.

[b] Dit is onjuist. In beide gevallen moet de unieke positie van de onderneming als zodanig het vertrekpunt zijn van het exportbeleid.

[c] Dit is juist. Kleine en grote ondernemingen hebben in dit opzicht meer onderlinge [grote] verschillen dan overeenkomsten.

[d] Dit is onjuist. Kleine en [middel]grote ondernemingen kunnen namelijk in dezelfde sector opereren en dezelfde/soortgelijke klanten, toeleveranciers en andere stakeholders hebben. In dat geval verschilt het exportbeleid van kleine en [middel]grote ondernemingen niet ingrijpend van elkaar. De ondernemingsomvang mag dan wel [significant] verschillen, het exportbeleid verschilt niet als zodanig.

75

Kennisexport zal een steeds groter deel vormen van de totale export van ontwikkelde landen als Nederland. Dit zal overwegend ten koste gaan van de indirecte export van ondernemingen.

[a] Dit is inderdaad het geval. Kennis wordt veelal via directe in plaats van indirecte export geëxporteerd. Dit heeft alles te maken met de aard van kennis [immaterieel] en dus de gevoeligheid van kennis voor imitatie alsmede 'lekkage' naar andere partijen toe. Door zelf te exporteren [via directe export] proberen bedrijven dit belangrijke vraagstuk [imitatie en 'lekkage'] zoveel mogelijk te beheersen.

[b] Toename van kennisexport in een kenniseconomie als de Nederlandse economie gaat juist ten koste van directe export in plaats van indirecte export omdat externe partijen die in dat geval verantwoordelijk zijn voor de [indirecte] export vaak goed weten hoe kennisexport succesvol handen en voeten te geven.

[c] Een toename van de export van kennis gaat juist gepaard met een toename van 'zuivere' export – dus direct en indirect - in plaats van 'wederuitvoer'. De in de vraag gemaakte vergelijking tussen directe en indirecte export gaat dan ook mank.

[d] Dat de export aan kennis toeneemt is evident. De vraag is echter of dit ten koste gaat van indirecte export dan wel indirecte export juist ten goede komt. Dat laatste zou in bepaalde – vooral kennisintensieve - sectoren heel goed het geval kunnen zijn.

76

Een exportorder is veelal belangrijker dan een exportofferte.

[a] Deze bewering is juist.

[b] Deze bewering is onjuist want zonder een succesvolle exportofferte zal er geen exportorder geboekt kunnen worden. Een exportofferte en –order zijn nauw met elkaar verweven en kunnen elkaar versterken dan wel verzwakken.

[c] Een exportofferte is altijd belangrijker: de hierin vastgelegde condities zijn immers bepalend voor de mate van succes van een exportorder.

[d] Een exportorder biedt inzicht in de exportcondities en daarmee is juist de exportorder de belangrijkste troef die de leiding van een exporterend bedrijf in handen heeft.

HOOFDSTUK 8

77

Internationaal venture management [IVM] is een groeistrategie welke goed past bij kleine en middelgrote ondernemingen.

[a] Dit is juist. IVM betekent dat een ondernemer veel controle heeft over de snelheid en de wijze waarop de onderneming groeit, hetgeen ondernemers en managers van kleine en middelgrote ondernemingen doorgaans aanspreekt.

[b] Dit is onjuist, want IVM is een kostbare internationale groeistrategie en de daarvoor benodigde financiële middelen zijn vaak niet aanwezig.

[c] Dit is onjuist, want IVM is een risicovolle groeistrategie daar men vanuit het 'niets' in het buitenland 'iets' gaat opstarten. Dergelijke risico's worden kleine en middelgrote ondernemingen regelmatig fataal.

[d] Dit is doorgaans juist. IVM benadert internationaal het klassieke ondernemerschap [van 'niets' 'iets' maken] het meest. Voor de meeste ondernemers/managers van kleine en middelgrote ondernemingen zijn internationale vormen van samenwerking dan wel grensoverschrijdende fusies/overnames eenvoudigweg een brug te ver: te kostbaar, te risicovol en men heeft daar in het buitenland doorgaans te weinig of geen ervaring mee.

78

De voordelen van internationale samenwerkingsvormen zijn dikwijls groter dan de voordelen van internationale overnames en fusies.

[a] Dit is vaker juist dan niet juist. Dit heeft vooral te maken met het feit dat via specifieke vormen van internationale samenwerking op relevante, ter zake doende gebieden internationaal kan worden samengewerkt. Bij overnames en fusies zit de overnemende dan wel overgenomen partij vrijwel altijd vast aan de gehele andere partij. Dit compliceert niet alleen, maar is juist vanwege die omvattendheid eveneens veel minder 'gericht' op het realiseren van specifieke doelstellingen. Een internationaal samenwerkingsverband – overigens net als een internationale overname dan wel fusie – is en blijft een strategie c.q. 'middel' gericht op het realiseren van specifieke 'doelstellingen'. Een samenwerkingsverband leent zich daar vanwege het veel specifiekere karakter doorgaans beter voor.

[b] Daar valt in de praktijk - met uitzondering van antwoordmogelijkheid [a] - geen algemene wetmatigheid voor te formuleren: succes en falen is vooral internationaal erg ondernemings- en situatiespecifiek. Iedere casus – internationale samenwerkingsvorm, overname dan wel fusie – dient separaat zorgvuldig op haar merites gescreend te worden. Pas dan valt er een oordeel over de omvang van de voordelen te vellen.

[c] Dit is vaker onjuist dan juist.

[d] Dit is onjuist: de voordelen van internationale overnames en fusies zijn veelal niet alleen groter, maar ook sneller tot stand te brengen.

79

Internationaal actieve ondernemingen die succesvoller willen worden moeten groter groeien dan wel klein blijven.

[a] Dit is zonder meer juist. Middelgrote bedrijven opereren [bijna] altijd in de 'economische zone des doods' [EZ2D]. Dit betekent dat het overgrote deel van die middelgrote ondernemingen in deze 'zone' wordt overgenomen dan wel in de concurrentiestrijd het onderspit delft - met name op de kostendimensie van de marge. Kleine [succesvolle] ondernemingen groeien in de loop der tijd uit tot 'middelgrote' ondernemingen en belanden daarmee *altijd* in de EZ2D. Klein blijven is dus geen optie – directe concurrenten groeien bij succes immers ook uit tot middelgrote ondernemingen dus men 'moet' als het ware meegroeien omdat men anders vanwege een te geringe 'schaal' niet langer kostencompetitief kan zijn. Grote ondernemingen zijn vanwege hun 'schaal' ['economies of scale'] de EZ2D gepasseerd. 'Omvang' [juist vanwege die schaalvoordelen] is daarmee van doorslaggevend belang.

[b] 'Groter worden' is niet een doel op zich en daarmee kan deze bewering niet juist zijn. Ook middelgrote ondernemingen kunnen in bepaalde niches internationaal zeer succesvol zijn. De kunst van het internationaal ondernemen is juist te ontdekken waar die niches zich bevinden.

[c] Dit is vrijwel altijd juist: kleine ondernemingen kunnen internationaal zelden effectief tegen grote[re] ondernemingen concurreren. Groter worden is een doel op zich voor welke onderneming dan ook.

[d] Dit is juist. Deze bewering zou overigens onjuist zijn als er niet 'succesvoller' maar 'succesvol' in de stelling zou hebben gestaan.

80

De 'modus' van directe buitenlandse investeringen is belangrijker dan de 'richting' van directe buitenlandse investeringen.

[a] Dit is juist.

[b] Dit is onjuist.

[c] Dit is vaak juist.

[d] Dit is vaak onjuist.

81

'Specifieke' internationale alliantiemotieven liggen volgens dit hoofdstuk per definitie in het verlengde van de gepresenteerde 'generieke' internationale alliantiemotieven.

[a] Dit is juist.

[b] Dit is niet juist.

[c] Dit is vaak juist.

[d] Dit is zelden onjuist.

82

Het 'control'-vraagstuk is een belangrijk vraagstuk bij het vormgeven van internationale allianties. 'Control' moet nimmer door de leiding van een alliantiepartner uit handen worden gegeven.

[a] Het 'control'-vraagstuk is een belangrijk vraagstuk bij het vormgeven van internationale allianties. 'Control' kan in sommige situaties uit handen worden gegeven, mits men de zeggenschap maar behoudt.

[b] Deze bewering is doorgaans juist.

[c] 'Control' is lang niet altijd noodzakelijk. Het vraagstuk is pas relevant als het 'belangrijk' is.

[d] Het 'control'-vraagstuk is een belangrijk internationaal alliantievraagstuk. 'Control' kan op diverse manieren vorm worden gegeven en de hamvraag is dan ook welke manier de internationale alliantie ten goede komt. 'Control' c.q. 'zeggenschap' [van een partner] over een internationale alliantie is immers niet relevant als de internationale alliantie [daardoor] niet succesvol is/kan worden. 'Control' kan dus ook een frustrerend vraagstuk zijn: zeggenschap in handen van een niet-competente internationale partner moet altijd vermeden worden.

83

'Stabiliteit' is de belangrijkste indicator voor het succes van een internationaal samenwerkingsverband.

[a] Dit is onjuist. De kwalificatie succes vergt [altijd] een multi-disciplinaire indicator – niet slechts één woord [i.e. 'stabiliteit'].

[b] Dit is vaak juist.

[c] Dit is een vertekening van de realiteit – veel internationale vormen van samenwerking zijn op het eerste gezicht stabiel maar blijken welbeschouwd niet succesvol te zijn. Het tegenovergestelde is eveneens regelmatig het geval.

[d] Deze bewering is vaker juist dan niet juist.

84

Internationale allianties in de luchtvaart zijn louter en alleen populair omdat grensoverschrijdende fusies dan wel overnames vrijwel onmogelijk zijn.

[a] Deze bewering is juist.

[b] Deze bewering is onvolledig. Er zijn meerdere manieren die [kunnen] leiden tot internationaal succes [denk aan internationaal venture management – IVM].

[c] Deze bewering is onvolledig. Er spelen vele andere [bijvoorbeeld politieke] factoren en variabelen een rol die mede bepalen wat mogelijk dan wel onmogelijk is in de luchtvaart.

[d] Deze bewering is onjuist.

85

Is de Amerikaanse afzetmarkt aantrekkelijker voor Nederlandse ondernemingen dan de Chinese afzetmarkt?

[a] Doorgaans wel, omdat de regelgeving op de Amerikaanse markt veelal beperkt is vanwege de

relatieve afwezigheid van lokale en regionale overheden. Dit betekent dat Nederlandse ondernemingen doorgaans veel bewegingsvrijheid hebben op de Amerikaanse markt die bovendien omvangrijk en welvarend is. De Chinese markt biedt vanwege de strikte en bureaucratische wet- en regelgeving minder bewegingsvrijheid om te ondernemen.

[b] Dit hangt in sterke mate af van het soort product dat men op beide markten wenst af te zetten. Massaproducten die concurreren op de kosten-dimensie van de marge doen het doorgaans goed op de Chinese markt. Dit heeft te maken met de vaak geringere koopkracht van de finale Chinese afnemer. Ook luxeproducten kunnen – mits goed op specifieke niches afgestemd – succesvol op de Chinese markt worden afgezet. De snelgroeiende Chinese markt is verder viermaal zo groot als de Amerikaanse markt [...], hetgeen mogelijkheden te over biedt voor sterk uiteenlopende producten. De hoge marktvraag onder consumenten [en dus de hoge macro-economische groei] fungeert in China als slagroom op de taart want biedt de mogelijkheid tot duurzame ondernemingsgroei.

[c] De Amerikaanse markt is vanwege niet-bestaande of veel lagere invoertarieven en andere, minder frustrerende handelsbelemmeringen bijna altijd aantrekkelijker voor Nederlandse bedrijven. De Chinese afzetmarkt wordt in vrijwel alle sectoren nog steeds te vaak via diverse en voor een buitenstaander vaak lastig te doorgronden en 'dure' handelsbelemmeringen beschermd.

[d] Alle antwoordmogelijkheden zijn juist.

86

Waarom zijn internationale desinvesteringen doorgaans verstandig?

[a] Internationale desinvesteringen zorgen ervoor dat internationaal actieve ondernemingen hun portfolio aan activiteiten bij tijd en wijle kunnen opschonen, want aan kunnen passen aan nieuwe marktrealiteiten. De daarmee vrijkomende middelen kunnen in een productievere richting worden aangewend. Bijvoorbeeld door in nieuwe, veelbelovender activiteiten te investeren dan wel door schulden af te lossen of tegemoet te komen aan behoeften van buitenlandse overheden die soms eisen dat een onderneming vanwege een dominante lokale marktpositie in het kader van 'goed burgerschap' activiteiten moet afstoten.

[b] Internationale desinvesteringen zorgen altijd voor een aantrekkelijke cash flow en daar kan geen enkele directie tegen zijn.

[c] Internationale desinvesteringen zorgen voor een eenvoudiger activiteitenpallet en een dergelijke verzameling ondernemingsactiviteiten is veelal tegen lagere kosten gemakkelijker te managen. Dit biedt vooral internationaal kostenvoordelen die vervolgens tot competitievere proposities voor klanten [kunnen] leiden.

[d] Internationale desinvesteringen leiden per definitie tot aantrekkelijke voordelen: financiële revenuen, minder FTE's/medewerkers en een eenvoudiger portfolio aan activiteiten [ook wel 'ondernemingsscope' genoemd] die daardoor beter is te managen.

87

Waarom is het tot stand brengen van grensoverschrijdende 'mega-acquisities' vaak onverstandig?

[a] Internationale mega-acquisities zijn uiterst complex van aard en leiden tot moeilijk te managen integratieprocessen en –resultaten [van tevoren becijferde kostenvoordelen zijn vaak ongewis].

[b] Internationale mega-acquisities vergen teveel voorbereidings- en implementatietijd alvorens ze tot vaak lastig te kwantificeren successen leiden. Die tijd kunnen leidinggevenden en medewerkers beter aan het beter bedienen van afnemers besteden.

[c] Er zijn weinig voorbeelden beschikbaar van succesvolle internationale mega-acquisities. De ervaring met wel uitgevoerde mega-acquisities leert dat dergelijke grensoverschrijdende acquisities vaak [te] duur zijn [voor de overnemende partij], tot veel integratieproblemen leiden die niet alleen technisch-inhoudelijk maar ook cultureel van aard zijn en tot veel onrust leiden in de betreffende ondernemingen waardoor goede managers en medewerkers niet zelden vrij snel na de mega-transactie vertrekken en op zoek gaan naar een 'nieuwe uitdaging'. Verder leidt een dergelijke grensoverschrijdende mega-overname altijd tot een sterke focus op de betreffende ondernemingen *an sich* gezien de noodzakelijkerwijs te behalen integratie- want kostenvoordelen [de ultieme rationale achter de mega-acquisitie]. Dit leidt vervolgens in ieder geval tijdelijk tot minder aandacht voor klanten en andere stakeholders buiten de respectievelijke ondernemingen. Dit komt de marktpositie en de reputatie van de nieuwbakken 'mega-multinational' niet ten goede.

[d] Internationale mega-acquisities zijn te vaak emotioneel van aard [direct betrokkenen hebben regelmatig last van het 'groot-groter-grootst'-virus] en worden mede om die reden vaak onvoldoende zorgvuldig financieel-organisatorisch beargumenteerd en onderbouwd.

88

Kwalificeer de volgende stelling: internationaal venture management [IVM] is niet langer van deze tijd.

[a] Deze stelling is juist. Het internationale groeitempo van bedrijven in de 'market place' en 'market space' ligt inmiddels dusdanig hoog, dat de 'luxe van tijd' die nu eenmaal nodig is voor het opstarten en succesvol uitvoeren van een IVM-strategie niet langer voorhanden is. IVM is in de meeste bedrijfstakken voltooid verleden tijd.

[b] Deze stelling is onjuist: IVM blijft een krachtig alternatief voor internationaal actieve ondernemingen. Sla de krant open en vele voorbeelden passeren dagelijks de revue. Hoe zijn internationals als Apple en Google 'groot' en dominant geworden? Inderdaad, via het implementeren van IVM-strategieën.

[c] De stelling is juist. IVM heeft nu eenmaal het nadeel van antwoordmogelijkheid [a], maar in bedrijfstakken waar de marktontwikkelingen minder dynamisch zijn – denk aan de vliegtuigbouw, grondverzetmachines, bouw, metaalindustrie, basischemie, landbouwmachine-industrie en de automotive sector – is IVM een ronduit succesvolle groeistrategie. Al decennia achtereen is IVM in de voornoemde sectoren de belangrijkste groeistrategie. IVM leent zich dus goed voor het uitvoeren van een zogenaamde 'incrementele' groeistrategie waarbij wordt

voortgebouwd op eertijds ontwikkelde technologieën en noviteiten.

[d] De stelling is juist, want de statistieken geven inmiddels overtuigend aan dat steeds meer internationaal actieve ondernemingen van internationale allianties, fusies en overnames gebruik maken. Dit maakt op zich reeds duidelijk dat die vormen van internationale groei effectiever zijn dan IVM. Waarom anders steeds vaker dergelijke vormen van internationale groei vormgeven?

89

Internationale vormen van samenwerking en grensoverschrijdende fusies en overnames zullen in de toekomst steeds vaker voor gaan komen. Dit heeft te maken met de noodzaak te profiteren van 'economies of skills'.

[a] Juist, de behoefte aan schaalvergroting is evident aanwezig en dit leidt vervolgens tot economies of skills.

[b] Onjuist, internationale samenwerkingsverbanden, fusies en overnames zullen vanwege hun complexiteit juist steeds minder vaak worden nagestreefd.

[c] De eerste zin is juist, alleen gaat het niet om het realiseren van economies of skills maar economies of scale.

[d] De eerste zin is juist, alleen gaat het om het realiseren van zowel economies of skills als economies of scale.

HOOFDSTUK 9

90

Het standaardiseren van de internationale marktbewerking is eenvoudiger dan het differentiëren [i.e. het aanpassen aan specifieke lokale omstandigheden] van de internationale marktbewerking.

[a] Dit is juist.

[b] Dit is onjuist.

[c] Dit is doorgaans juist, maar afhankelijk van het type activiteit [productie, marketing, verkoop, distributie, etc].

[d] Dit is in beginsel niet van tevoren vast te stellen en vergt een veel specifiekere analyse van een gegeven situatie. Relevante 'wik en weeg'-factoren zijn onder meer: het type activiteit [R&D, productie, marketing, distributie, verkoop, marktonderzoek, etc], het land, demografische factoren, de fysieke geografische omgeving, de politieke omgeving, het klimaat, de juridische omgeving c.q. wet- en regelgeving welke van invloed is en de culturele omgeving.

91

Het 'primaire' bedrijfsproces zoals dat wordt beschreven in dit hoofdstuk is belangrijker dan het 'secundaire' bedrijfsproces. Vandaar ook het elementaire onderscheid tussen 'primaire' en 'secundaire' activiteiten.

[a] Dit is onjuist: 'secundaire' bedrijfsprocessen zijn vaak bepalend voor het internationale concurrentievoordeel van een onderneming – met name in bedrijfstakken waar de internationale concurrentie moordend is.

[b] Dit is doorgaans juist.

[c] Het 'primaire' bedrijfsproces omvat de belangrijkste bedrijfsactiviteiten die bepalend zijn voor de waardepropositie van de onderneming. Dit betekent dat juist deze activiteiten naar beste kunnen uitgevoerd dienen te worden. 'Secundaire' bedrijfsactiviteiten zijn eveneens belangrijke activiteiten die niettemin vaak minder belangrijk zijn als onderscheidende basis voor de waardepropositie van een onderneming – vandaar ook de kwalificatie 'secundair'.

[d] Dit is doorgaans onjuist.

92

Het primaire bedrijfsproces heeft voor de meeste ondernemingen internationaal minder overeenkomsten [en dus meer verschillen] dan het secundaire bedrijfsproces. Kwalificeer deze stelling.

[a] De stelling is veelal juist en dus wordt de internationale concurrentiestrijd veelal beslecht via activiteiten die behoren tot de primaire bedrijfsprocessen.

[b] De stelling is veelal onjuist en dus wordt de internationale concurrentiestrijd doorgaans beslecht via activiteiten die behoren tot de secundaire bedrijfsprocessen.

[c] De stelling is veelal juist.

[d] De stelling is veelal onjuist.

93

Waarom zijn de internationale vestigingsplaatsmotieven voor R&D-activiteiten en productieactiviteiten vaak hetzelfde?

[a] Het gaat bij beide waardeketenactiviteiten namelijk om sterk plaatsgebonden investeringen die kostenintensief zijn en bovendien niet eenvoudig [en dus goedkoop] zijn 'op te pakken' om vervolgens verplaatst te worden naar andere c.q. nieuwe 'hot spots'.

[b] In beide gevallen gaat het om investeringen die betrekking hebben op de eerste fasen/schakels van de waardeketen en dergelijke activiteiten hebben soortgelijke kritische succesfactoren en mede daardoor ook overeenkomstige verplaatsingsbeweegredenen.

[c] R&D-activiteiten en productieactiviteiten hebben met elkaar gemeen dat de ervoor benodigde investeringen op dezelfde manier vorm worden gegeven, namelijk dichtbij het hoofdkantoor dan wel de afzetmarkt van internationaal actieve ondernemingen.

[d] In beide gevallen spelen kostenoverwegingen een doorslaggevende rol waar de activiteiten uiteindelijk gelokaliseerd zullen worden.

94

De vestigingsplaatskeuze voor waardeketenactiviteiten als R&D, Productie, Marketing, etc wordt uiteindelijk altijd bepaald door lokale overheden in plaats van de internationale onderneming.

[a] Dit is inderdaad vaak het geval. Nationale, regionale en lokale overheden zijn vaak verantwoordelijk voor een

cocktail aan uiteenlopende randvoorwaarden [denk aan subsidies en vestigingsplaatsvergunningen en overige vergunningen] nodig om überhaupt lokaal c.q. in een gegeven land met activiteiten van start te [mogen] gaan.

[b] De vestigingsplaatskeuze wordt uiteindelijk bepaald door de leiding van een internationaal actieve onderneming. De leiding van een onderneming bepaalt immers in welk land c.q. op welke lokatie men activiteiten *wenst* te entameren. Pas daarna komen lokale wetgevende autoriteiten [vanzelfsprekend] in beeld.

[c] In dit kader spelen uiteenlopende factoren – onderling vaak nauw gerelateerd – een rol. Dit vergt een genuanceerd oordeel. Lokale overheden zijn slechts één stakeholder. Andere stakeholders [in de praktijk vele] spelen eveneens een rol van betekenis bij vestigingsplaatsbeslissingen.

[d] Dit is vaker niet juist dan wel juist.

95

Waar moeten ondernemingen bij het opzetten en uitvoeren van internationaal marktonderzoek op een specifieke buitenlandse markt vooral rekening mee houden?

[a] De aanwezigheid van goede, lokaal actieve marktonderzoekbureaus want zonder dergelijke lokale bureaus kan zelden goed, valide en nauwkeurig onderzoek worden verricht.

[b] Bedrijven moeten in het bijzonder rekening houden met de invloed van de factor cultuur op klanten [en andere stakeholders], een genuanceerd fenomeen waarvan de invloed zich moeilijk laat kwantificeren, terwijl

juist dit vaak het finale resultaat is van in het buitenland uitgevoerd marktonderzoek - relevante kwantitatieve informatie genereren welke als basis kan fungeren voor de besluitvorming van leidinggevenden.

[c] Betrouwbare, lokale ['waardevrije'] data zijn van het grootste belang en die moeten voor een specifieke buitenlandse markt vooral via secundair in plaats van primair onderzoek worden verzameld. En juist secundaire data zijn dikwijls niet-valide, onbetrouwbaar en onnauwkeurig.

[d] De factor kosten - marktonderzoek op een gegeven buitenlandse markt laat zich lastig budgetteren en is vaak een kostbare aangelegenheid welke de onderneming in kwestie zich lang niet altijd kan veroorloven. Voor internationaal marktonderzoek geldt vooral: bezint eer ge begint.

96

Hogelonenlanden zijn interessant voor Nederlandse en Westerse ondernemingen die met name concurreren op de opbrengsten-dimensie van de marge [marge = opbrengsten – kosten]. Kwalificeer deze stelling.

[a] Lagelonenlanden kunnen gezien hun omvang net zo interessant zijn, dus de stelling snijdt geen hout.

[b] De stelling is vaak juist. Concurreren op de opbrengsten-dimensie van de marge betekent dat men bij voorkeur opereert op welvarende markten en op dergelijke markten zijn de arbeidslonen en huisvestingskosten vaak het hoogst en daarmee de kosten van het ondernemen.

[c] Dit hangt sterk af van de productgroep waarmee men internationaal concurreert. Geavanceerde producten met veel toegevoegde waarde zullen met name gezien de benodigde koopkracht in hogelonenlanden afgezet kunnen/moeten worden, terwijl minder geavanceerde [goedkopere] producten vaak eenvoudiger ook in lagelonenlanden verkocht kunnen worden. Concurrentie op de opbrengsten-dimensie van de marge vindt dan ook hoofdzakelijk plaats in welvarende landen, terwijl concurrentie op de kosten-dimensie plaatsheeft in zowel hogelonenlanden als lagelonenlanden.

[d] De stelling is altijd juist.

97

Internationale distributie/'plaats'vraagstukken zijn mondiaal aanmerkelijk gecompliceerder dan internationale prijs-, product- dan wel promotievraagstukken.

[a] Dit is inderdaad opvallend vaak juist, hoewel ook de andere 'Ps' dikwijls tot complicaties kunnen leiden [zie eveneens antwoordmogelijkheid [d]]. De aanwezigheid/kwaliteit van de fysieke infrastructuur is nog steeds onontbeerlijk voor goede internationale bedrijfsprestaties. Het distributievraagstuk speelt in het bijzonder een prominente rol in snel opkomende groeiregio's als Zuid-Amerika en Zuidoost-Azië. Ook in de zogenaamde BRIC-landen is de fysieke infrastructuur in vergelijking tot die in bijvoorbeeld de EU-landen minder goed ontwikkeld [met extra marktbewerkingskosten als gevolg]. Prijs-, promotie- en productgerelateerde vraagstukken ondervinden vaak minder hinder van het feit dat 'in ontwikkeling zijnde economieën' als bijvoorbeeld BRIC-landen 'in ontwikkeling' zijn.

[b] De stelling zou juist zijn ingeval internationale prijsvraagstukken: de internationale en lokale prijsvaststellingsproblematiek blijft vanuit de internationale marketingmix geredeneerd de meest complexe 'P'.

[c] Internationale marketingvraagstukken moeten altijd in hun onderling verband worden bekeken en mede daarom is het inzoomen op louter het onderwerp internationale distributie weinig raadzaam. Internationale distributie als zodanig raakt immers eveneens de prijsstelling van het te distribueren product – al dan niet in digitale vorm.

[d] Dit is niet juist. Promotievraagstukken zijn minstens zo gecompliceerd: culturele, religieuze en andere invloeden compliceren juist dit marketingonderwerp veel meer dan de fysieke distributie van een goed of dienst. Het internationale distributievraagstuk is vooral een concreet 'technisch' vraagstuk en mede daarom in beginsel veel eenvoudiger in goede banen te leiden dan het internationale promotievraagstuk.

98

Waarom zijn lagelonenlanden altijd aantrekkelijk voor productie-intensieve ondernemingen?

[a] Dat is nog maar de vraag want in sterke mate afhankelijk van onder meer de aard van het product [al dan niet arbeids-, kapitaal- of kennisintensief], de al dan niet beschikbaarheid van lokale vestigingssubsidies, het gemak waarmee lokaal geproduceerde producten c.q. halffabrikaten of onderdelen geëxporteerd kunnen worden en de beschikbaarheid van hoogwaardig [lokaal] management.

[b] Lagelonenlanden hebben een goedkoop en vaak omvangrijk arbeidsreservoir te bieden en 'vele goedkope handen' zorgen nu eenmaal voor kostencompetitieve producten die daardoor gemakkelijker door productie-intensieve ondernemingen op de wereldmarkt afgezet kunnen worden.

[c] Lagelonenlanden hebben geen inflexibele arbeidswetgeving hetgeen het mogelijk maakt de arbeidscapaciteit snel aan te passen aan de veranderende productiecapaciteit en marktvraag zodat op de totale bedrijfskosten bespaard kan worden. De flexibele arbeidswetgeving en lage arbeidskosten zorgen voor lagere productie- en daarmee productkosten.

[d] Lagelonenlanden hebben veelal dusdanig zwakke politieke instituties dat het voor productie-intensieve internationals eenvoudig is activiteiten snel 'op te pakken' en te verplaatsen naar nog aantrekkelijker lokaties. Dit is vooral interessant als nieuwe [nog] lage[re] kosten 'hot spots' ontstaan met alle potentiële kostenvoordelen van dien voor de productie-intensieve international.

99

Waarom is het 'waterval'-model een effectievere internationale marketingstrategie dan het 'sprinkler'-model?

[a] Het 'waterval'-model is veel goedkoper dan het 'sprinkler'-model, hetgeen vrijwel altijd van doorslaggevend belang is in de internationale en lokale concurrentiestrijd.

[b] Het 'waterval'-model maakt het mogelijk te leren van internationale productintroducties en de in een gegeven land opgedane ervaringen op het terrein van de

marktbewerking kunnen vervolgens in nieuw te betreden landen worden ingezet. Het 'sprinkler'-model is geen 'lerende' internationale marketingstrategie. Het 'waterval'-model is dat dus wel en verdient daarmee dan ook de voorkeur bij het internationaliseren van het werkterrein.

[c] De meeste internationaal actieve ondernemingen hebben vooral ervaring met het 'waterval'-model en dus zal het toepassen van het 'sprinkler'-model tot de nodige financiële teleurstellingen leiden.

[d] De meeste managers hebben een sterke voorkeur voor het 'waterval'-model omdat dit model in het verleden het meest effectief is gebleken bij het internationaal introduceren van nieuwe goederen of diensten. Dit noemen we wel het internationale 'bandwagon' effect.

100

Is het internationale prijsbeleid van invloed op andere elementen van de internationale marketingmix?

[a] Ja, omdat uiteindelijk de prijs – de belangrijkste P - waar ook ter wereld bepalend is voor de aard van de distributie van een gegeven product, de wijze van promotie, de samenstelling van het product en de wijze van samenwerking met leveranciers en partners die de waardepropositie internationaal completeren [en soms als 'complementor' zelfs complementeren]. Klanten kopen vooraleerst een prijs en pas daarna een product. De productprijs is dus vanuit strategisch oogpunt van doorslaggevend belang want leidend voor alle andere marketing-Ps.

[b] Ja, want alle onderdelen van de internationale marketingmix moeten vanwege de onderlinge invloeden juist in hun onderling verband samen worden vormgegeven. Geen enkel onderdeel van de internationale marketingmix kan op zichzelf staand worden vormgegeven.

[c] Nee, want vorm en inhoud geven aan een marketing-P is een zelfstandig vraagstuk – vooral in een internationale omgeving waarin nu eenmaal sprake is van grote verschillen tussen werelddelen en landen.

[d] Ja, want alle marketing-Ps [vier, zes of zelfs acht volgens sommige marketeers] beïnvloeden elkaar immers ook reeds op lokale/nationale schaal. De internationale dimensie van het internationaal zakendoen voegt in dit kader weinig toe.

101

De taak van een marketeer is overal in de wereld hetzelfde – ongeacht of hij/zij werkzaam is in Brussel, Bonn, Buenos Aires, Singapore dan wel Tokio.

[a] Dit is volstrekt onjuist. Ieder land kent haar eigen uniciteit en zal dus op een eigen, unieke manier - en daarmee vaak 'anders' - bediend moeten worden.

[b] Dit is in de regel juist. Internationale marketing kent meer overeenkomsten dan verschillen.

[c] Dit is vrijwel altijd juist, hoewel landspecifieke kenmerken nogal genuanceerd kunnen zijn hetgeen de nodige alertheid vergt van de marketeer.

[d] Dit is onjuist. Marketeers moeten de verschillen tussen landen als vertrekpunt nemen hetgeen betekent dat het

marketingbeleid in beginsel altijd start met de uniciteit van de nationale marktomgeving met alle consequenties van dien voor de mogelijkheid het beleid [eventueel] te standaardiseren en leentjebuur te spelen bij in andere landen reeds succesvol toegepaste marketingstrategieën.

102

Welke factoren zijn verantwoordelijk voor het ontstaan van 'mondiale' product-markten?

[a] Homogenisering van smaken en voorkeuren.

[b] Homogenisering van de koopkracht van afnemers.

[c] Homogenisering van wet- en regelgeving.

[d] Alle antwoordmogelijkheden tezamen zorgen voor het enige juiste antwoord.

103

Welk type mediakanaal is bij het internationaal zakendoen het meest effectief: lokale/nationale mediakanalen of mondiale mediakanalen?

[a] Lokale/nationale mediakanalen, eenvoudigweg omdat markten van afnemers altijd lokaal/nationaal van aard zijn.

[b] Mondiale mediakanalen, want dergelijke kanalen hebben een veel groter bereik.

[c] Een combinatie van mediakanalen: lokale/nationale media met het oog op lokale/nationale klanten en mondiale media met het oog op mondiale klanten.

[d] Dat hangt sterk af van het type product, klant, internationale ondernemingsdoelstelling etc.

104

Wanneer zijn lokale marketingstrategieën toegepast in een specifieke nationale markt bruikbaar in andere landen c.q. geografische markten?

[a] Als de behoeften van de afnemers hetzelfde dan wel soortgelijk zijn.

[b] Als de aanpassing van een marketingstrategie in een ander land relatief weinig financiële middelen vergt.

[c] Als er door toepassing van een reeds gebruikte en effectieve marketingstrategie in een nieuw/ander land waardevolle kennis/expertise kan worden opgedaan – kennis/expertise die weer op andere momenten/plaatsen ingezet en benut kan worden.

[d] Alle antwoordmogelijkheden zijn juist.

105

In welk opzicht beïnvloedt cultuur het nemen van internationale marketingbeslissingen?

[a] In alle opzichten. Alle marketingbeslissingen worden tot op zekere hoogte door de factor cultuur beïnvloed.

[b] In diverse opzichten. Het is niettemin slechts één van de vele variabelen die van invloed zijn op het nemen van internationale marketingbeslissingen. De invloed van de factor cultuur moet dus niet overdreven worden. Andere variabelen zijn vaak minstens zo belangrijk zo niet belangrijker.

[c] De factor cultuur is doorgaans de meest belangrijke variabele van invloed op het nemen van internationale marketingbeslissingen.

[d] De factor cultuur is een lastig te doorgronden fenomeen en juist om die reden is de invloed van cultuur op het nemen van internationale marketingbeslissingen groot. De [regelmatig] onvoorspelbare invloed van cultuur op het internationaal zakendoen manifesteert zich vooral via de functionaliteit marketing omdat juist dan de relatie/'bedrading' tussen een internationaal actieve onderneming en de finale afzetmarkt wordt gelegd.

106

Hoe kun je als leidinggevende een internationale markt wat betreft mogelijke afzetgebieden het beste segmenteren?

[a] Door de uiteenlopende doelstellingen uit het eigen businessplan als vertrekpunt te nemen.

[b] Door de behoeften van de afnemers – waar dan ook ter wereld – als vertrekpunt te nemen.

[c] Door gebruik te maken van uiteenlopende segmentatietechnieken uit het internationale marktonderzoek waarbij de doelstellingen uit het eigen businessplan als vertrekpunt worden gebruikt. Segmentatie van potentiële afzetgebieden - en dat vaak op basis van de behoeften van afnemers - is van eminent belang en verdient om die reden een prominente plek in het businessplan.

[d] Alle antwoordmogelijkheden zijn juist.

107

Waarom is 'internationale' marktsegmentatie lastiger dan 'nationale' marktsegmentatie?

[a] Omdat veel meer variabelen van invloed zijn op de te nemen marketingbeslissingen.

[b] Er is geen significant verschil tussen internationale en nationale marktsegmentatie. Beide vormen van marktsegmentatie zijn lastig te formaliseren.

[c] Omdat bij internationale marktsegmentatie dezelfde relevante variabelen [i.e. culturele, juridische, politieke factoren etc] voor de leiding van een internationaal actieve onderneming lastiger zijn in te schatten. Dit heeft in het bijzonder te maken met de vele niet-beïnvloedbare krachten die buiten de invloedssfeer van de leiding liggen. Die krachten kunnen van grote invloed zijn op de voornoemde variabelen [met name juridische en politieke variabelen].

[d] Internationale marktsegmentatie is vaak eenvoudiger vanwege de aanwezigheid [want internationaal] van interessante omvangrijke [mogelijke] afnemerssegmenten. 'Nationale' marktsegmentatie ontbeert dergelijke omvangrijke potentiële afnemerssegmenten. Derhalve is nationale marktsegmentatie veel lastiger dan internationale marktsegmentatie succesvol handen en voeten te geven.

108

Is het ontwikkelen van zogenaamde 'global brands' gebonden aan specifieke producten, productcategorieën en/of ondernemingen of kan iedere internationaal actieve onderneming 'global brands' ontwikkelen?

[a] In beginsel wel, mits de voordelen van een 'global brand' de nadelen meer dan compenseren want het op- en uitbouwen van een 'global brand' is dikwijls een kostbare en tijdrovende exercitie.

[b] Dit is juist maar geldt alleen voor consumentenproducten, dus in 'business-to-consumer' markten.

[c] Niet iedere onderneming kan 'global brands' ontwikkelen. Dit geldt namelijk in het bijzonder voor 'business-to-business' markten.

[d] Alle antwoordmogelijkheden bevatten een kern van waarheid.

109

In welk opzicht verschillen 'mondiale' marketing initiatieven met name van 'nationale' marketing initiatieven?

[a] De geografische reikwijdte: mondiale marketing initiatieven hebben immers betrekking op de gehele wereld.

[b] De veelheid aan culturele en andere 'ongrijpbare' factoren waar een internationale marketeer rekening mee dient te houden. Dat betekent vooral dat veel tijd in de voorbereiding van een mondiale marketingstrategie geïnvesteerd dient te worden.

[c] Die verschillen zijn bij nader inzien beperkt. De factoren die een marketeer bestudeert bij het formuleren van het

'nationale' marketingbeleid verschillen niet ingrijpend van de factoren die een rol spelen bij het ontwikkelen en uitvoeren van een 'mondiaal' marketingbeleid.

[d] 'Mondiale' marketing initiatieven zijn veelal kostbaarder hetgeen betekent dat de leiding van een international over voldoende financiële middelen [budget] dient te beschikken. 'Nationale' marketing initiatieven behoeven minder financiële middelen en kunnen dus sneller en frequenter gelanceerd worden.

110

Onder welke omstandigheden is 'internationaal' marktonderzoek niet altijd van vitaal belang [zoals wordt beschreven in dit hoofdstuk]?

[a] Als de afnemers op een willekeurige buitenlandse product-markt dezelfde behoeften hebben als de afnemers op de thuismarkt.

[b] Als de kosten van internationaal marktonderzoek erg hoog zijn.

[c] Als de omgevingsveranderingen zich dusdanig snel voltrekken dat internationaal marktonderzoek louter 'achter de feiten aanhollen' geblazen is.

[d] Alle antwoordmogelijkheden zijn juist.

111

Het financiële onderwerp 'transfer pricing' is voor alle internationaal actieve ondernemingen een van de meest belangrijke 'secundaire' bedrijfsprocesvraagstukken.

[a] Dit is zonder meer juist.

[b] Het is een 'belangrijk' vraagstuk maar niet noodzakelijkerwijs 'een van de meest belangrijke'.

[c] Dit is niet juist. Lokale belastingautoriteiten zijn in dit verband bepalend. Dit betekent dat internationaal actieve ondernemingen zich altijd aan de lokale mores van belastingautoriteiten dienen aan te passen.

[d] Dit is vaker wel dan niet juist en in het bijzonder van toepassing op middelgrote en grote [industriële] ondernemingen [met veel inter-organisatorische handel tussen de internationaal verspreide dochtermaatschappijen]. Voor kleine ondernemingen zijn vrijwel altijd andere secundaire bedrijfsprocesvraagstukken belangrijker [denk in dit kader bijvoorbeeld aan HRM, ICT, etc].

112

Internationaal accountmanagement is altijd van belang. Kwalificeer deze stelling.

[a] De stelling is deels juist: internationaal accountmanagement is vooral van belang voor grotere ondernemingen met grote klanten.

[b] De stelling is juist en wel in vrijwel alle omstandigheden.

[c] De stelling is doorgaans alleen valide als er sprake is van enkele [middel]grote afnemers/klanten die bepalend [kunnen] zijn voor de prestaties van de internationaal actieve onderneming.

[d] Deze stelling is onjuist. De meeste bedrijven hebben in de praktijk van alledag helemaal geen baat bij [duur] internationaal accountmanagement. Slechts weinig

internationaal actieve ondernemingen hebben om diezelfde reden hun internationaal accountmanagement niet op orde – het is namelijk vaak helemaal niet nodig!

113

Het hoofdkantoor van een internationaal actieve onderneming moet zich vooral niet bemoeien met het prijsbeleid van buitenlandse dochtermaatschappijen.

[a] Het prijsbeleid van internationaal verspreide dochtermaatschappijen zal in sommige gevallen [moeten] worden aangepast [aan bijvoorbeeld de koopkracht van lokale afnemers]. Het 'nationaal' aanpassen van het 'internationale' prijsbeleid moet echter omwille van prijsperceptie overwegingen ['wat ontvang/'krijg' ik als afnemer precies voor een bepaalde aankoopprijs?'] altijd binnen bepaalde bandbreedtes plaatshebben. Zo beweegt de prijs van het gemiddelde prestigieuze Rolex horloge wereldwijd al snel rond de $10.000 plus of min $1000. Hetzelfde geldt voor de hoogwaardige meubels van het Italiaanse Cassina – er is een mondiale 'standaardprijs' waarvan men [i.e. officiële dealers] 'lokaal' maximaal tien procent mag afwijken. Prijsbandbreedtes worden vrijwel altijd door het hoofdkantoor vastgesteld. Binnen dergelijke bandbreedtes bepalen internationale dochtermaatschappijen vervolgens hun eigen 'lokale' prijsbeleid.

[b] Het hoofdkantoor moet zich juist wel inlaten met het formuleren en aanpassen van lokale prijsstrategieën. De expertise van het hoofdkantoor inzake dit onderwerp kan door de leiding van een lokale dochtermaatschappij worden benut. Als dergelijke expertise op het hoofdkantoor aanwezig is, waarom het dan niet elders in de wereld gebruiken?

[c] Dit is een juiste benaderingswijze - lokale buitenlandse dochtermaatschappijen moeten zoveel mogelijk zelf hun eigen prijsbeleid vormgeven.

[d] Er zijn vele redenen te bedenken waarom van deze regel afgeweken zou moeten worden. Het uitgangspunt is niettemin juist: het hoofdkantoor moet zich in de regel niet inlaten met de prijsstrategieën die lokale buitenlandse dochtermaatschappijen dienen te ontwikkelen. Dit is immers een van de belangrijkste taken van de leiding van een buitenlandse dochtermaatschappij.

HOOFDSTUK 10

114

Wat is het voordeel van het werken met expatriates?

[a] Expatriates zijn afkomstig uit het moederland en kennen daarmee de mores binnen de internationaal actieve onderneming beter dan lokale, buitenlandse medewerkers. Ze hebben daarmee aan 'een half woord' genoeg, hetgeen de internationale snelheid van handelen bevordert en de kwaliteit van de besluitvorming en beleidsvorming ten goede komt.

[b] Expatriates zijn een relatief goedkoop alternatief voor dure buitenlandse managers.

[c] Expatriates zijn goed opgeleide en ervaren managers die tijdelijk [vaak gedurende een periode van enkele jaren] specifieke buitenlandse uitdagingen waarvoor men zorgvuldig wordt klaargestoomd binnen de internationaal actieve onderneming aanvatten en tot een goed einde brengen.

[d] Expatriates spreken dikwijls dezelfde taal als de hoogste leidinggevenden van de international uit het moederland hetgeen grote communicatieve voordelen biedt bij het snel en prudent uitvoeren van specifieke internationale opdrachten die dikwijls onder lastige omstandigheden uitgevoerd dienen te worden.

115

Wat wordt bedoeld met het 'dubbele loyaliteitsvraagstuk'?

[a] Dit vraagstuk heeft betrekking op de loyaliteit van een internationaal actieve manager jegens zowel zijn eigen afdeling/onderneming als de buitenlandse klant met alle dilemma's van dien. Meer in het algemeen: men moet inspelen op de behoeften van buitenlandse klanten maar heeft tevens te voldoen aan de rendementseisen van de internationaal actieve onderneming.

[b] Dit vraagstuk heeft betrekking op de loyaliteit van een internationaal actieve manager [vaak een expatriate] voor zijn eigen buitenlandse vestiging waar hij/zij verantwoordelijk voor is en zijn/haar loyaliteit jegens het hoofdkantoor in het moederland waaraan gerapporteerd en voortdurend mee gecommuniceerd dient te worden. De belangen van de buitenlandse vestiging en het hoofdkantoor lopen niet altijd parallel waardoor de betreffende manager voortdurend met dit vraagstuk wordt geconfronteerd. Bijgevolg: dilemma's.

[c] Het dubbele loyaliteitsvraagstuk is een frequent voorkomend vraagstuk voor internationale managers: loyaliteit naar de eigen medewerkers die in het kader van hun eigen professionele ontwikkeling de nodige aandacht opeisen versus loyaliteit naar buitenlandse klanten die eveneens veel zorg en aandacht vergen in

het kader van het tegemoet komen aan hun wensen en behoeften. Een drukbezette internationale manager of expatriate komt hier bij voortduring 'klem' tussen te zitten. Wie krijgt wanneer hoeveel tijd en aandacht?

[d] Dit vraagstuk heeft betrekking op de betrokkenheid van een internationale manager of expatriate bij zowel internationale 'back-office' activiteiten als buitenlandse 'front-office' activiteiten.

116

De bedrijfscultuur van een onderneming is mondiaal vrijwel altijd hetzelfde. Kwalificeer deze stelling.

[a] Dit verschilt per onderneming. Internationaal actieve ondernemingen met sterke homogene waarden en normen hebben mondiaal vaak wel eenzelfde bedrijfscultuur.

[b] Deze stelling is onjuist. Juist internationaal zijn de verschillen in bedrijfscultuur tussen de internationaal verspreide dochtermaatschappijen erg groot.

[c] Dit is in de praktijk hoogst zelden het geval, juist vanwege de grote invloed van de factor 'nationale' cultuur op de bedrijfscultuur van een buitenlandse vestiging of activiteit. De nationale cultuur van een land domineert in veel gevallen de bedrijfscultuur van een internationaal actieve onderneming.

[d] De meeste succesvolle internationaal actieve ondernemingen beschikken over een bedrijfscultuur met een 'harde kern' [overeenkomstige waarden en normen waar dan ook ter wereld] en een 'zachtere' periferie [denk aan geaccepteerde verschillen in uitingsvormen als kleding, de auto's waarin leidinggevenden rijden, de aard

van de catering in het bedrijfsrestaurant etc]. De bedrijfscultuur van een succesvolle internationale onderneming 'beweegt' als het ware in de periferie 'mee' met lokale gebruiken en 'manieren van met elkaar omgaan', maar is in de kern [wat waarden en normen betreft] identiek - waar dan ook ter wereld.

117

Wat wordt bedoeld met een geringe of beperkte 'psychologische afstand'?

[a] Omvangrijke nationale cultuurverschillen zijn een vruchtbare voedingsbodem voor een grote 'psychologische afstand' tussen managers afkomstig uit verschillende landen.

[b] Het woordenpaar 'psychologische afstand' refereert aan het onbegrip van managers voor andere managers afkomstig uit een ander land met een andere nationale cultuur.

[c] 'Psychologische afstand' refereert aan het verschijnsel dat de mate waarin managers verschillende opvattingen hebben over management herleid kan worden naar de cultuurverschillen tussen de landen waaruit men van origine afkomstig is. Een 'grote' psychologische afstand betekent dat verschillen in managementopvattingen gevoed worden door omvangrijke nationale cultuurverschillen.

[d] 'Psychologische afstand' refereert aan de inter-collegiale afstand die expatriate managers ervaren met buitenlandse collegae.

118

'Culturele intelligentie' is internationaal van cruciaal belang. Zonder culturele intelligentie kan een internationaal opererend bedrijf eenvoudigweg niet succesvol zijn.

[a] Dit is een karikatuur maken van de werkelijkheid die daarvoor veel te genuanceerd is.

[b] Dit is juist. Internationaal zakendoen is eerst en vooral zorgvuldig communiceren en daarbij speelt de factor 'cultuur' een allesoverheersende rol.

[c] Deze stelling mag dan wel deels juist zijn, andere factoren spelen een vaak veel belangrijkere rol. Culturele of interculturele intelligentie is dus van 'belang' maar niet van 'cruciaal' belang.

[d] Deze bewering is juist, maar zelden in alle gevallen en omstandigheden.

119

Teveel internationaal actieve ondernemingen onderschatten ook vandaag de dag nog steeds het belang van interculturele communicatie bij het internationaal zakendoen.

[a] Dit is een veel te eenvoudige voorstelling van de werkelijkheid: de meeste ondernemingen zijn zich hier namelijk inmiddels terdege van bewust.

[b] Dit is juist en dan met name voor de meer onervaren en [vaak] kleinere ondernemingen die nu eenmaal niet kunnen putten uit eerdere ervaringen met dit belangrijke onderwerp.

[c] Dit is juist en geldt eigenlijk voor alle ondernemingen actief in alle takken van sport c.q. bedrijfstakken. Interculturele communicatie wordt door het overgrote deel van het bedrijfsleven onderschat.

[d] Dit is overwegend het geval. Er bestaan bij nader inzien maar weinig uitzonderingen op deze regel.

120

De cuItuurdimensies van Hofstede geven aan dat de nationale cultuur van landen op uiteenlopende gebieden ingrijpend en genuanceerd van elkaar verschilt. Dit heeft de nodige implicaties voor bijvoorbeeld het streven naar een goed functionerende Europese Unie. Juist vanwege de omvangrijke en vaak genuanceerde verschillen op de nationale cultuurdimensies van Hofstede is het 'Europa-project' – een vergaande vorm van economische en politieke integratie als tegenhanger van de Verenigde Staten en China – in beginsel gedoemd te mislukken. Kwalificeer deze stelling.

[a] Deze stelling is correct.

[b] Deze stelling is onjuist. De cultuurdimensies van Hofstede bieden juist diverse handvatten die aangeven hoe met cuItuurverschillen om te gaan en vormen dus een goed uitgangspunt voor bijvoorbeeld het ambitieuze EU-project.

[c] De cuItuurdimensies van Hofstede bieden in zeker opzicht de mogelijkheid nationalisme van een 'cultuurfundament' te voorzien. De verschillen tussen landen op de cultuurdimensies van Hofstede zijn groot en die verschillen geven eens temeer aan dat landen als zodanig 'culturele entiteiten' zijn die maar moeilijk op

kunnen gaan in een niet-culturele vorm van integratie zoals de EU of Nafta dan wel andere vormen van economische/politieke integratie [zoals de Mercosur en Asean].

[d] De stelling bevat een kern van waarheid. Nationale cultuurverschillen en dat toegespitst op de dimensies van Hofstede zijn ronduit lastig te overbruggen laat staan te 'elimineren' of 'reconciliëren'. Economisch-politieke integraties als de Europese Unie maken in het bijzonder gebruik van regels en formele procedures om tot [verdere] integratie te komen. De vraag is natuurlijk of dit langs deze weg mogelijk is en tot de gewenste resultaten gaat leiden daar juist nationale cultuurverschillen uniek en hardnekkig zijn en zich niet eenvoudig plooien conform [nieuwe] wet- of regelgeving al dan niet afgedwongen door democratische instituties [als bijvoorbeeld het EP/Europees Parlement].

HOOFDSTUK 11

121

Welke structuren passen doorgaans het beste bij internationaal actieve ondernemingen?

[a] Internationale divisiestructuren dan wel specifieke 'exportafdelingen' die aan de bestaande, vaak functionele ondernemingsstructuur worden toegevoegd.

[b] Internationale functionele, productdivisie- dan wel geografische divisiestructuren.

[c] Internationale matrixstructuren of internationale hybride structuren

[d] Hier valt geen algemeen oordeel over te vellen. Het woord 'doorgaans' in de vraagstelling is misleidend: internationaal actieve ondernemingen moeten altijd de gehanteerde structuur [het interne 'afsprakenstelsel'] zorgvuldig afstemmen op de strategische en operationele keuzes die internationaal worden gemaakt. Die keuzes zijn leidend en veranderen voortdurend, de gehanteerde structuur is volgend en dient dienaangaande bij verandering van strategische en operationele keuzes eveneens mee te veranderen.

122

Welke overweging[en] speelt c.q. spelen een doorslaggevende rol bij de beslissing van welke organisatiestructuur gebruik te maken?

[a] De strategie van de internationaal actieve onderneming.

[b] De kwaliteit van het management en medewerkers.

[c] Ontwikkelingen die plaatshebben in de omgeving van de internationaal actieve onderneming.

[d] Macro-economische, politieke en andere 'onbeheersbare' ontwikkelingen in de externe omgeving van de internationaal actieve onderneming.

123

Waarom zou een internationaal actieve onderneming in ieder geval altijd serieus over een internationale divisiestructuur na moeten denken?

[a] Een internationale divisiestructuur is een relatief eenvoudige structuur. De internationaal ontplooide

activiteiten worden allemaal in één divisie ondergebracht hetgeen de aansturing en het management van de internationaal ontwikkelde activiteiten vergemakkelijkt.

[b] De internationale divisiestructuur is relatief snel en zonder al teveel extra kosten in te voeren.

[c] Een internationale divisiestructuur sluit goed aan bij de 'nationale' c.q. in het moederland gehanteerde organisatiestructuur die vaak eveneens rond divisies is vormgegeven. De stap naar de internationale divisiestructuur is dan al vrij snel gemaakt.

[d] Geen van de antwoordmogelijkheden is juist.

124

Is er één 'beste' structuur voor internationaal actieve ondernemingen?

[a] Nee, daarvoor zijn de veranderingen in de omgeving te ingrijpend en elkaar te snel opvolgend.

[b] Ja, alleen vergt dit het voortdurend meebewegen met uiteenlopende omgevingsontwikkelingen hetgeen in de praktijk betekent dat een structuur continu wordt aangepast aan nieuwe omgevingsomstandigheden. De vraag is of het continu 'met de omgeving mee veranderen' werkbaar is voor het management en de medewerkers. Veranderingen in de structuur van een onderneming brengen vrijwel altijd eveneens veranderingen in taken en rollen met zich mee. Een 'structuur' is immers de weergave van een 'stelsel aan afspraken'.

[c] Ja. De 'beste' structuur wordt uiteindelijk geformeerd door kwalitatief hoogwaardige leidinggevenden en zij zijn

uiteindelijk verantwoordelijk voor de wijze waarop het 'afsprakenstelsel' wordt ingericht. De kwaliteit van de structuur wordt dus vooral bepaald door de kwaliteit van de leidinggevenden.

[d] Nee, die bestaat helaas niet. Een specifieke organisatiestructuur is het gevolg van een specifieke ondernemingsstrategie die op haar beurt weer inspeelt/anticipeert op specifieke ontwikkelingen in de omgeving. Daarmee is één 'beste' structuur in beginsel onmogelijk omdat de omgeving voortdurend verandert [en dat doorgaans onvoorspelbaar]. Een 'beste' structuur is dus 'op z'n best' de beste organisatiestructuur voor de ondernemingsstrategie van 'gisteren'.

125

Waarom maken zoveel internationaal actieve ondernemingen gebruik van een geografische of internationale productdivisiestructuur?

[a] Omdat dergelijke structuren 'gevoelsmatig' relatief eenvoudig zijn te formeren. In het eerste geval wordt de organisatie van de onderneming rondom landen of regio's opgebouwd, in het tweede geval fungeert het aangeboden product[enpakket] als vertrekpunt van de organisatie van de internationale onderneming.

[b] Omdat de meeste ondernemingen in het thuisland vaak al van een dergelijke structuur gebruik maken alvorens internationaal de boer op te gaan. Het in het buitenland uitbouwen van de 'nationale' geografische of productdivisiestructuur wordt als een 'natuurlijk' proces gezien. Men heeft in het thuisland immers al ervaring met de geografische en productdivisiestructuur opgebouwd.

[c] De leiding van veel internationaal actieve ondernemingen laat zich bij voortduring adviseren door management consultants. Bekende organisatieadviesbureaus als McKinsey & Company, Boston Consulting Group en Bain & Company zijn zeer ervaren in het adviseren over juist deze twee soorten internationale organisatiestructuren.

[d] Dit is het resultaat van wat wel het [psychologische] 'bandwagon'-effect wordt genoemd: als concurrenten in dezelfde sector gebruik maken van dergelijke structuren dan doen andere ondernemingen [de 'peers'] dat ook.

126

De volgende bewering is veelal juist: de internationale matrixstructuur is in een turbulente omgeving de beste manier om de organisatie van een internationaal actieve onderneming in te richten.

[a] Deze bewering is juist.

[b] Deze bewering is – inderdaad - vaak juist.

[c] Deze bewering is vaak onjuist.

[d] Deze bewering is volstrekt onjuist.

127

In welk opzicht verschilt de structuur van een louter 'nationaal' [in het moederland] actieve onderneming van die van een met name 'internationaal' actieve onderneming?

[a] Complexiteit: de organisatiestructuur van een 'international' is veel complexer dan de structuur van een louter nationaal actieve onderneming.

[b] Responsiviteit en flexibiliteit: het is vaak eenvoudiger de organisatiestructuur van louter nationaal actieve ondernemingen aan veranderende omgevingsomstandigheden aan te passen.

[c] Inventiviteit: de organisatiestructuur van nationaal actieve ondernemingen stimuleert en faciliteert vanwege minder bureaucratie en administratieve rompslomp doorgaans innovativiteit, terwijl de structuur van internationaal actieve ondernemingen door de allesoverheersende bureaucratie eerder frustreert en daarmee de innovativiteit en inventiviteit juist *niet* ten goede komt.

[d] Antwoordmogelijkheden [a] en [b] geven samen een juist beeld van de verschillen tussen de organisatiestructuur van een louter nationaal actieve onderneming en de organisatiestructuur van een international.

128

Het internationale spin-out organisatiemodel is een kostbaar organisatiemodel en is om die reden louter en alleen geschikt voor internationals die in staat zijn dergelijke organisatiemodellen te financieren. Kwalificeer deze stelling.

[a] Deze stelling is dikwijls juist.

[b] Deze stelling is onjuist.

[c] Deze stelling is in sommige omstandigheden juist.

[d] Deze stelling is vaker onjuist dan juist.

129

Hoe kun je als leiding 'strategische risico's' internationaal het beste managen?

[a] Dergelijke risico's zijn inherent aan het internationaal zakendoen en laten zich daardoor altijd lastig managen.

[b] Door van geavanceerde hedging-strategieën gebruik te maken.

[c] Strategische risico's kunnen het voortbestaan van een internationaal actieve onderneming in gevaar brengen en zullen dus zoveel mogelijk geminimaliseerd dan wel vermeden moeten worden. Risicoaverse medewerkers en leidinggevenden aantrekken helpt eveneens.

[d] Door strategische risico's van tevoren goed in kaart te brengen en dergelijke risico's in de loop der tijd via internationale risicomanagers middels uiteenlopende 'risk scorecards' te monitoren zodat op belangrijke strategische risico's op het juiste moment adequaat gereageerd kan worden.

130

Waarom is 'private equity' [PE] juist aantrekkelijk voor middelgrote Nederlandse internationaal actieve ondernemingen?

[a] PE is niet-risicodragend kapitaal en daarmee een ideale vorm van financiering voor middelgrote ondernemingen die internationaal actief zijn dan wel internationaal actiever willen worden.

[b] PE is een proactieve, risicozoekende vorm van financiering waarbij de investerende private equity firma operationele en andere deskundigheid mobiliseert teneinde de strategische, operationele en financiële prestaties van de internationaliserende onderneming significant te verbeteren. Dit leidt tot goede resultaten voor alle stakeholders – dus niet alleen shareholders.

[c] PE maakt bij voorkeur gebruik van voormalige internationaal actieve topmanagers en weet daardoor goed hoe de hazen lopen in uiteenlopende landen en internationale bedrijfstakken. Op die manier heeft men meerwaarde in het kader van managementdiscussies die binnen de middelgrote Nederlandse ondernemingen plaatsvinden hetgeen het verder internationaliseren van de onderneming professionaliseert, faciliteert en versnelt.

[d] Een PE firma maakt gebruik van goedkoop vreemd vermogen waardoor de internationale groei van een middelgrote Nederlandse onderneming goedkoop en doorgaans snel is te financieren. Mede om die reden zijn veel middelgrote Nederlandse bedrijven geïnteresseerd in PE.

131

Is 'private equity'/PE de toekomst voor het internationaliserende Nederlandse midden- en kleinbedrijf [MKB]?

[a] Nee, want er zijn voldoende alternatieven voorhanden die minstens zo aantrekkelijk zijn.

[b] Ja, want de klassieke bancaire financiering gereserveerd voor groei en internationalisering van kleine- en middelgrote ondernemingen zal in de naaste toekomst

vanwege de strikte kapitaalseisen waaraan Nederlandse [en buitenlandse] banken dienen te voldoen zeker niet toenemen maar eerder afnemen.

[c] Ja, want MKB-ondernemers spreken exact dezelfde 'ondernemende' taal als de leidinggevende partners/directors van PE bedrijven.

[d] Dat is mogelijk, maar niet vanzelfsprekend. De leiding van een MKB-onderneming met internationale ambities zal een zorgvuldige analyse moeten maken van de uiteenlopende vormen van groeifinanciering en als PE de aantrekkelijkste financieringsoptie blijkt, dan zal andermaal een weloverwogen analyse gemaakt moeten worden van de PE markt als zodanig. Er zijn vele, vaak sterk uiteenlopende aanbieders van 'private equity' beschikbaar en lang niet alle binnen- en buitenlandse partijen hebben de middelen en vaardigheden om een specifieke MKB-onderneming internationaal verder op weg te helpen.

132

'Onbeheersbare' risico's zijn internationaal niet te managen en dus moet de leiding van een internationaal actieve onderneming niet al teveel aandacht schenken aan dit soort ondernemingsrisico's. Het is verstandiger meer tijd en aandacht te schenken aan 'beheersbare' risico's.

[a] Dit is juist, 'onbeheersbare risico's' zijn immers 'onbeheersbaar'.

[b] Dit is onjuist, want daarmee vermindert de alertheid jegens [internationale] risico's. Meer in het algemeen geldt: zorgvuldig met [internationale] risico's omgaan heeft baat bij een goed ontwikkelde 'risico mindset'.

Leiders en managers met de juiste 'risico mindset' c.q. sensitiviteit voor risico's nemen altijd 'de keerzijde' in termen van mogelijke risico's mee in hun overwegingen om tot bepaalde beslissingen te komen. Aandacht hebben voor 'onbeheersbare' risico's versterkt dan ook de alertheid jegens internationale risico's in het algemeen. Dit verbetert vervolgens de kwaliteit van het internationale risicomanagement en daarmee de internationale besluitvorming en dus beleidsvorming en bedrijfsvoering.

[c] Dit is juist: een internationaal actieve onderneming moet de beheersbare risico's goed managen en – voorzover mogelijk – onbeheersbare risico's in kaart brengen en daar adequaat op reageren [onder meer met behulp van een 'risk report card'].

[d] Dit is onjuist: er zal juist veel meer tijd geïnvesteerd moeten worden in het kwalificeren van onbeheersbare risico's. De aandacht van de leiding voor 'beheersbare' risico's [het 'laaghangende fruit in de boom'] domineert vaak ten onrechte de extra aandacht die juist naar 'onbeheersbare' risico's dient uit te gaan.

133

Wat wordt bedoeld met 'international risk report card' [IRRC]?

[a] Een IRRC vat internationale financiële en andere risico's overzichtelijk samen.

[b] Een IRRC is in zeker opzicht het equivalent van een Business Balanced Scorecard [BBS] maar dan toegespitst op internationale risico's.

[c] Een IRRC probeert internationale risico's van uiteenlopende aard zoveel mogelijk te kwalificeren en - indien mogelijk – te kwantificeren zodat de ondernemingsleiding in staat is beter onderbouwde internationale beslissingen te nemen.

[d] Alle antwoordmogelijkheden zijn juist.

HOOFDSTUK 12

134

Wat betekent het woordenpaar 'bestuurlijke alignment' in een internationaal actieve onderneming?

[a] 'Bestuurlijke alignment' heeft betrekking op het zorgvuldig in evenwicht brengen van de risico's van het internationaal actief zijn en de [risicovolle] investeringen die nu eenmaal zijn vereist om van internationalisatie een succes te maken.

[b] 'Bestuurlijke alignment' heeft betrekking op het optimaliseren van de keuzes die de leiding van een internationaal actieve onderneming dagelijks moet maken en dat in de context van de in dit hoofdstuk besproken 'bestuurlijke driehoek': (1) mate van internationalisatie, (2) rol van het hoofdkantoor in het moederland van de onderneming en (3) de 'dominante logica'/oriëntatie van het hoofdkantoor in het thuisland van de international. De keuzes en beslissingen met betrekking tot deze drie onderwerpen moeten naadloos op elkaar aansluiten en elkaar versterken c.q. completeren in plaats van elkaar verzwakken dan wel ondermijnen.

[c] 'Bestuurlijke alignment' heeft betrekking op het tot stand brengen van een goed functionerend

topmanagementteam [lees: 'alignment' in het 'bestuurdersteam'] zodat de internationale groei van de onderneming voortvarend handen en voeten gegeven kan worden.

[d] 'Bestuurlijke alignment' is het gevolg van een goede samenwerking tussen het hoofdkantoor in het thuisland van de internationaal actieve onderneming en de internationaal verspreide dochtermaatschappijen. Indicatief voor 'bestuurlijke alignment' is een goede verstandhouding tussen het hoofdkantoor in het moederland en de leidinggevenden van de buitenlandse vestigingen.

135

Internationaal actieve ondernemingen moeten altijd streven naar maximalisatie van synergie tussen het hoofdkantoor en de internationaal verspreide dochtermaatschappijen. Kwalificeer deze beleidsopvatting.

[a] Dit is vaak de juiste beleidslijn. Daarbij moet van tevoren goed worden bepaald [bij voorkeur in kwantitatief opzicht] waartoe 'maximalisatie van synergie' in concreto leidt.

[b] Dit is niet per definitie noodzakelijk. Sommige internationaal actieve ondernemingen opereren als een relatief los verband van gedecentraliseerde, internationaal verspreide eenheden waartussen geen [enkele] synergie bestaat [dit wordt ook wel het 'federatieve organisatiemodel' genoemd]. Ook met het hoofdkantoor in het moederland hoeft de synergie in beginsel niet gemaximaliseerd te worden – een louter 'theoretische gedachtengang' die in de literatuur domineert. Internationaal verspreide

dochterondernemingen en andere [bijvoorbeeld fiscale]
entiteiten hebben dikwijls eigen doelstellingen die volstrekt
autonoom [kunnen] zijn. Dergelijke op zichzelf staande
doelstellingen kunnen dusdanig specifiek zijn voor een
gegeven regio of land, dat maximalisatie van synergie
met het hoofdkantoor in het thuisland het realiseren van
de eigen [autonome] doelstellingen ter plekke kan
frustreren. Maximalisatie van synergie met het
hoofdkantoor is dus nimmer een doel op zich.

[c] Deze beleidsopvatting is juist. Maximalisatie van
verticale en horizontale synergie in een internationaal
actieve onderneming met uiteenlopende, internationaal
verspreide dochtermaatschappijen is een klassieke
wetmatigheid en daarmee per definitie een generiek
ondernemingsdoel van de leiding.

[d] Het is hoogst zelden verstandig deze beleidslijn
rücksichtslos uit te voeren. Internationaal verspreide
dochtermaatschappijen en andere [bijvoorbeeld fiscale]
eenheden moeten altijd als zelfstandig opererende
entiteiten worden gezien en als zodanig worden
beoordeeld. Dit staat dus volledig los van het realiseren
van welke synergetische ondernemingsdoelstellingen dan
ook.

136

'Delegatie' en 'decentralisatie' zijn aanbevelenswaardig,
vooral als er door de leiding wordt gestreefd naar
synergie in onderlinge relaties tussen de internationaal
verspreide dochtermaatschappijen van een international.

[a] Dit is juist.

[b] Dit is vaak juist en in sommige omstandigheden ronduit
onjuist.

[c] Dit is vaker onjuist dan juist, vooral als horizontale synergie een belangrijk beleidsstreven is.

[d] Dit is in de regel ronduit onjuist.

137

Welke internationale managementoriëntatie past het beste bij een vergaande mate van decentralisatie van internationaal verspreide activiteiten?

[a] Een geocentrische oriëntatie.

[b] Een regiocentrische oriëntatie.

[c] Een etnocentrische oriëntatie.

[d] Een polycentrische oriëntatie.

138

De rol van het hoofdkantoor van een internationaal actieve onderneming moet in beginsel voortdurend mee veranderen met de veranderingen in de omgeving waarin de onderneming opereert.

[a] Dit is juist.

[b] Dit is onjuist.

[c] Dit is doorgaans juist. De rol van het hoofdkantoor moet goed zijn aangesloten op omgevingsveranderingen. Men dient immers als hoofdkantoor zorgvuldig op dergelijke omgevingsveranderingen in te spelen!

[d] Dit is doorgaans onjuist. De rol van het hoofdkantoor moet duidelijk en voorspelbaar zijn en dus moet zorgvuldig met eventuele veranderingen in de rol van het hoofdkantoor worden omgesprongen.

139

Horizontale synergie is voor een internationaal actieve onderneming eenvoudiger tot stand te brengen dan verticale synergie. Is deze stelling juist?

[a] Ja, want horizontale synergie is een 'meer van hetzelfde'-strategie, terwijl verticale synergie juist betrekking heeft op het benutten van de diversiteit tussen de internationaal verspreide dochtermaatschappijen.

[b] Nee, want het realiseren van horizontale synergie vergt in de praktijk veel overleg tussen de internationaal verspreide dochtermaatschappijen, terwijl verticale synergie vanuit het hoofdkantoor in het moederland en dus via de hoogste leiding als het ware 'opgelegd' kan worden. En 'overleggen' is doorgaans tijdrovender en complexer dan 'opleggen' – vooral in een internationale managementcontext.

[c] Nee, horizontale synergie is complexer vorm te geven vanwege de diversiteit aan managementoriëntaties in een internationaal actieve onderneming. Vooral het grote verschil in managementoriëntatie tussen het hoofdkantoor in het moederland en de internationaal verspreide vestigingen speelt in dit verband een verstorende [en vaak frustrerende] rol.

[d] Ja, want verticale synergie is vanwege de vaak grote geografische en culturele afstand tussen de internationaal verspreide dochtermaatschappijen en het

hoofdkantoor in het moederland ronduit lastig succesvol vorm te geven.

HOOFDSTUK 13

140

Waarom is het opstellen van een internationaal businessplan in de regel tijdrovend en complex?

[a] Het opstellen van een internationaal businessplan vergt namelijk veel data die dikwijls uit uiteenlopende bronnen afkomstig zijn, bronnen die gecontroleerd moeten worden op geldigheid en betrouwbaarheid. Afgezien daarvan zijn vaak diverse managers, medewerkers en andere [externe] professionals [afkomstig van bijvoorbeeld toeleveranciers, partners en overheidsorganen als in Nederland de Exportvoorlichtingsdienst] betrokken bij het opstellen van een dergelijk plan.

[b] Een internationaal businessplan vergt veel deskundigheid vooral als een onderneming in vele landen en in diverse werelddelen actief is. Alleen al organisatorisch is dit een majeure exercitie, want diverse eigen stafmedewerkers en uiteenlopende leidinggevenden uit verschillende landen c.q. delen van de wereld moeten niet alleen bij het opstellen van een dergelijk plan worden betrokken, maar dit managementproces als zodanig dient ook vanuit het thuisland gecoördineerd te worden. Al met al een langdurig, tijdrovend en complex proces.

[c] Het toetsen c.q. controleren van het plan op haalbaarheid wat betreft uitvoering [en dus realisatie] maar ook de juridische legitimiteit van uiteenlopende initiatieven [op verschillende plekken in de wereld] zal

zorgvuldig onderzocht moeten worden. Internationaal ondernemen is uiteindelijk gericht op het realiseren van marktaandeel [omzet] en marge [winstgevend opereren], maar ook de daar onlosmakelijk mee verbonden risico's zullen nauwkeurig in kaart gebracht moeten worden en dus 'op schrift' – in een internationaal businessplan - vastgelegd dienen te worden.

[d] Alle antwoordmogelijkheden zijn juist.

141

Iedere internationaal actieve onderneming dient een internationaal businessplan te maken en dit plan voortdurend te actualiseren. Kwalificeer deze stelling.

[a] Deze stelling is juist.

[b] Deze stelling is juist. De hamvraag [in dit geval] is: hoe vaak dient een internationaal businessplan geactualiseerd te worden? Te vaak actualiseren betekent dikwijls teveel wijzigingen aanbrengen in het oorspronkelijke plan [i.e. doelstellingen en strategieën] waardoor de onderneming het risico loopt te vaak van koers te veranderen. Daarmee wordt men 'ongrijpbaar' en vaak ook 'onvoorspelbaar' voor eigen medewerkers, aandeelhouders en andere relevante stakeholders.

[c] Deze stelling is juist. Een internationaal businessplan moet bij voorkeur minimaal eenmaal per jaar geactualiseerd worden.

[d] Deze stelling is juist. Een internationaal businessplan moet bij voorkeur minimaal tweemaal per jaar geactualiseerd worden.

142

Wat bepaalt met name de kwaliteit van de informatie die in een internationaal businessplan wordt opgenomen?

[a] De juistheid van de veronderstellingen die ten grondslag liggen aan de keuzes die in een internationaal businessplan worden gemaakt.

[b] De kwaliteit van de bronnen waar de informatie uiteindelijk uit gedestilleerd dient te worden. Dit luistert internationaal nogal nauw, met name ingeval primair internationaal marktonderzoek.

[c] De kwaliteit van het team dat in eerste instantie verantwoordelijk is voor het opstellen van het internationaal businessplan.

[d] Alle antwoordmogelijkheden tezamen zijn juist.

143

Welke functionaris of functionaliteit is het meest geschikt voor het opstellen van een internationaal businessplan?

[a] De algemeen directeur of Chief Executive Officer ['CEO'] – die professional heeft vanwege zijn/haar hiërarchische positie immers het beste 'overzicht' en kan daardoor het plan van het meeste 'inzicht' voorzien.

[b] Een mix van medewerkers uit de internationaal actieve onderneming, i.e. medewerkers afkomstig uit buitenlandse vestigingen en medewerkers die afkomstig zijn van het hoofdkantoor in het moederland. Die medewerkers moeten bij voorkeur voldoende ervaring met zowel de onderneming als de internationale uitdagingen hebben opgedaan.

[c] Het opstellen van een internationaal businessplan is vooral een 'groepsopdracht' waarbij zoveel mogelijk relevante functionaliteiten [als Productie, R&D, Marketing, Logistiek/Distributie, ICT, HR, Verkoop, etc] betrokken moeten worden en dat - gezien het belang van het onderwerp en de daarmee corresponderende mogelijke risico's - onder leiding van een dan wel enkele senior managers c.q. hoogste leidinggevenden.

[d] De functionaliteit Marketing op het hoofdkantoor in het moederland is het beste geëquipeerd voor het opstellen van een internationaal businessplan, omdat het uitvoeren van internationaal marktonderzoek – van doorslaggevend belang voor de kwaliteit van de data in het plan – een van de belangrijkste activiteiten is van juist deze functionaliteit.

144

Internationaal zakendoen is een keuze. Welke rol kan een internationaal businessplan spelen bij de keuze al dan niet actiever internationaal de boer op te gaan?

[a] Een internationaal businessplan fungeert als een spiegel. In feite is een internationaal businessplan de weergave van uiteenlopende strategische en operationele uitroeptekens ['antwoorden']. Leidinggevenden stellen zichzelf gedurende het maken van een internationaal businessplan voortdurend vragen en de beantwoording daarvan wordt in zeker opzicht in het internationaal businessplan geparachuteerd.

[b] Het opstellen van een internationaal businessplan confronteert de leiding met de slagkracht van de onderneming [sterke en zwakke punten] en daarmee de waarschijnlijkheid op internationaal succes.

[c] Het opstellen van een internationaal businessplan is een collectief proces waarbij diverse leidinggevenden en overige medewerkers betrokken zijn. Het proces op zich is een waardevolle exercitie want toont de samenwerkingsbereidheid op de werkvloer aan binnen een onderneming die voornemens is de bakens internationaal te verleggen. Internationaal ondernemen vergt teamwork – van hoog tot laag in de onderneming – en het opstellen van een internationaal businessplan 'test' als het ware de kwaliteit van het team dat uiteindelijk het internationale businessplan succesvol moet uitvoeren.

[d] Alle antwoordmogelijkheden zijn juist.

145

Een businessplan verschilt significant van een 'internationaal' businessplan. In welk opzicht?

[a] Een internationaal businessplan omvat additionele en vaak uiterst specifieke variabelen zoals geopolitieke en [nationale] culturele variabelen die nimmer in niet-internationale businessplannen kunnen worden aangetroffen.

[b] Een internationaal businessplan vergt aanmerkelijk meer tijd om te maken omdat de invloed van veel internationale variabelen vaak niet eenduidig is vast te stellen. Dit betekent dat een internationaal businessplan bij voorkeur ook zo kwantitatief mogelijk moet zijn, kwantitatiever dan een niet-internationaal businessplan.

[c] Een internationaal businessplan moet door veel meer eigen [en vaak ook externe] deskundigen worden opgesteld eenvoudigweg omdat internationaal veel

meer variabelen een rol spelen bij een succesvolle beleidsvorming en bedrijfsvoering.

[d] Een internationaal businessplan concentreert zich in het bijzonder op al die factoren die niet alleen van invloed maar ook 'bepalend' zijn voor het internationale ondernemingssucces. Dit betekent dat het plan aandacht heeft voor zowel 'reguliere' variabelen - die in alle businessplannen thuishoren - als variabelen die specifiek en bepalend zijn voor een succesvolle internationalisatie. In dat laatste geval gaat het dikwijls om variabelen die verband houden met geopolitieke ontwikkelingen, de nationale cultuur van een land, de fiscale consequenties van het via bepaalde rechtspersonen opereren op buitenlandse markten, het aantrekken van lokale financiële fondsen en de impact van de lokale wet- en regelgeving op het functioneren van de internationaal actieve onderneming.

146

Zonder een internationaal businessplan kan een onderneming internationaal niet succesvol zijn. Kwalificeer deze stelling.

[a] De stelling is juist.

[b] De stelling is onjuist.

[c] De stelling is vaak juist: er bestaan als altijd de bekende 'uitzonderingen op de regel'.

[d] De stelling is doorgaans onjuist. Internationaal ondernemen is vooral een kwestie van 'doen' en veel minder een kwestie van 'papieren ambities' zorgvuldig op een rij zetten.

147

Wanneer moet een internationaal businessplan bijgesteld worden?

[a] Als de voor een internationaal businessplan gebruikte veronderstellingen [significant] wijzigen en die veranderingen majeure gevolgen hebben voor de operationele beleidsuitvoering/bedrijfsvoering.

[b] Als de oorspronkelijke 'architecten' c.q. makers van het internationale businessplan niet meer geloven in de juistheid van het plan.

[c] Als de dagelijkse praktijk de 'papieren doelstellingen en strategieën' heeft achterhaald en het internationaal businessplan dus niet langer als 'anker' en 'kompas' kan fungeren voor zowel de beleidsvorming als de bedrijfsvoering.

[d] Antwoordmogelijkheid [a] en [c] zijn juist.

148

Succes in het buitenland begint in het binnenland – en dus altijd bij het maken van een goed internationaal businessplan. Kwalificeer deze stelling.

[a] Deze stelling is zonder meer juist.

[b] Deze stelling is niet altijd juist.

[c] Dit is welbeschouwd een mooie slogan maar een slogan kan nimmer een uitgangspunt zijn voor het maken van een internationaal businessplan.

[d] Deze stelling is gebaseerd op de nodige praktijkervaringen en heeft dus een kern van waarheid. Er is overigens niets mis met het 'testen van de temperatuur van het badwater' en dat op een veilige plek namelijk in het thuisland van een bedrijf en wel via een internationaal businessplan.

149

Teveel internationaal actieve ondernemingen komen er in het buitenland achter wat ze in het thuisland niet goed doen. Alleen al daarom is het maken van een internationaal businessplan waardevol.

[a] Een internationaal businessplan dwingt een leidinggevende goed na te denken over de eventuele uitkomsten van internationale initiatieven en de gevolgen daarvan voor de gehele bedrijfsvoering. Dit kan in beginsel betekenen dat al tijdens het maken van het internationale businessplan leidinggevenden geconfronteerd worden met zwakke plekken in de binnenlandse beleidsvorming en bedrijfsvoering. Daadwerkelijk een internationaal businessplan uitvoeren betekent vaak belangrijke ervaringen opdoen die dikwijls eveneens bruikbaar zijn voor de 'binnenlandse' beleidsvorming en bedrijfsvoering.

[b] Het is ronduit lastig om op deze vraag een eenduidig antwoord te geven. In de internationale bedrijfspraktijk zijn alle [nationaal opgedane of internationale] ervaringen immers sterk situatie- en tijdspecifiek en daarmee zelden bruikbaar op andere plaatsen. Internationaal opgedane ervaringen kunnen vanuit dit perspectief gezien dan ook zelden als vertrekpunt fungeren voor verbeteringen in de beleidsvorming en bedrijfsvoering in het thuisland.

[c] Dit is juist en alleen al daarom is het aanbevelenswaardig actief te worden in meer landen dan louter het thuisland. De ervaring en expertise die men in meerdere landen opdoet is relevant en nuttig voor alle onderdelen van een internationaal actieve onderneming – dus ook voor die onderdelen die zich in het thuisland bevinden. Het maken van een internationaal businessplan is tegen deze achtergrond altijd een goede 'starter'.

[d] Alle antwoordmogelijkheden zijn juist.

150

Het maken van een internationaal businessplan is de 'hoge school' van het internationaal ondernemen. Kwalificeer deze stelling.

[a] Deze stelling is ver bezijden de waarheid. Het uitvoeren van een internationaal businessplan vergt aanmerkelijk meer expertise, vaardigheden en kennis.

[b] Leidinggevenden die de internationale uitdaging professioneel [succesvol] te lijf willen gaan, zullen veel tijd en energie in het opstellen van een goed internationaal businessplan moeten steken. Dit heeft vooral te maken met de genuanceerdheid van dergelijke plannen en de complexiteit van het kwalificeren en – vooral – kwantificeren van de factoren en variabelen die relevant zijn voor de internationale beleidsvorming en bedrijfsvoering – zowel strategisch als operationeel. Er kan dus met recht over de 'hoge school' van het internationaal ondernemen worden gesproken.

[c] Dit is onjuist. Internationaal ondernemen is een praktische en pragmatische aangelegenheid en juist 'in het veld' moet worden bewezen of een onderneming in staat is een succes te maken van het internationale

avontuur. De 'hoge school' van het internationaal ondernemen heeft dus in het bijzonder betrekking op de uitvoering van internationale initiatieven en niet op het formuleren van een genuanceerd, indrukwekkend en kwalitatief hoogwaardig internationaal businessplan.

[d] Alleen [a] en [c] zijn juist.

4. ANTWOORDEN

1 C

2 D

3 B

4 B

5 D

6 C

7 C

8 D

9 C

10 A

11 A

12 D

13 A

14 D

15 A

16 D

17 D

18 D

19 D

20 D

21 D

22 D

23 D

24 D

25 D

26 D

27 C

28 B

29 A

30 D

31 D

32 D

33 C

34 C

35 D

36 C

37 C

38 D

39 D

40 D

41 A

42 D

43 D

44 C

45 D

46 D

47 D

48 D

49 B

50 D

51 D

52 D

53 D

54 C

55 D

56 B

57 D

58 C

59 B

60 B

61 B

62 B

63 B

64 C

65 A

66 C

67 A

68 A

69 C

70 B

71 A

72 A

73 B

74 D

75 A

76 B

77 D

78 B

79 A

80 C

81 A

82 D

83 C

84 A

85 D

86 A

87 C

88 C

89 D

90 D

91 A

92 A

93 A

94 A

95 B

96 C

97 A

98 A

99 B

100 A

101 D

102 D

103 C

104 D

105 B

106 C

107 C

108 A

109 B

110 D

111 A

112 C

113 A

114 C

115 B

116 D

117 C

118 B

119 B

120 D

121 D

122 D

123 A

124 A

125 B

126 C

127 D

128 A

129 D

130 B

131 D

132 B

133 D

134 B

135 B

136 D

137 D

138 D

139 B

140 D

141 A

142 D

143 C

144 D

145 D

146 C

147 D

148 A

149 D

150 B

5. AUTEUR

Prof. dr. P.K. Jagersma is ondernemer, commissaris en als [gast]hoogleraar bedrijfskunde verbonden aan diverse binnen- en buitenlandse universiteiten en business schools.

Prof. dr. P.K. Jagersma is sinds het midden van de jaren 1990 ondernemer-investeerder en hoogleraar bedrijfskunde [aanvankelijk aan Nyenrode – destijds de jongste Nederlandse hoogleraar bedrijfskunde ooit – en nadien eveneens aan andere Nederlandse en buitenlandse universiteiten en business schools].

Prof. Jagersma is lid [geweest] van uiteenlopende raden van commissarissen en advies zoals NRC Media Groep, Ricoh Nederland, Egeria Investments, CCIC, ISA International, Mirror Controls International [MCi], 3a Global Risk Management, Deerns, Graydon en Rijk Zwaan. Hij staat sinds 2010 vermeld in *Who's Who in the World* van Marquis.

Prof. Jagersma is auteur van 26 boeken en vele honderden artikelen die in binnen- en buitenlandse wetenschappelijke, management- en vakbladen zijn verschenen. Ook schreef hij de afgelopen jaren vele tientallen artikelen op de opiniepagina van Het Financieele Dagblad. Hij was mede-oprichter en hoofdredacteur van zowel Internationaal Ondernemen als Consultancy Monitor – vakbladen van Wolters Kluwer [Samsom Bedrijfsinformatie]. Hij is thans lid van de redactieraad van www.managementsite.net en Holland Management Review [www.hmr.nl]. Zie voor meer informatie: www.jrcinternational.eu.

www.ingramcontent.com/pod-product-compliance
Lightning Source LLC
Chambersburg PA
CBHW061330220326
41599CB00026B/5107